Capitaine breveté HENNEQUIN

de la Section historique de l'État-Major de l'Armée

LE
Corps d'observation des Alpes

EN 1815

UNE CAMPAGNE D'UN MOIS

AVEC 3 CROQUIS DANS LE TEXTE

PARIS

HENRI CHARLES-LAVAUZELLE

Éditeur militaire

10, Rue Danton, Boulevard Saint-Germain, 118

(MÊME MAISON A LIMOGES)

LE
CORPS D'OBSERVATION DES ALPES

EN 1815

UNE CAMPAGNE D'UN MOIS

Capitaine breveté HENNEQUIN

de la Section historique de l'État-Major de l'Armée

LE
Corps d'observation des Alpes
EN 1815

UNE CAMPAGNE D'UN MOIS

PARIS

HENRI CHARLES-LAVAUZELLE

Éditeur militaire

10, Rue Danton, Boulevard Saint-Germain, 118

(MÊME MAISON A LIMOGES)

NOTICE BIBLIOGRAPHIQUE

Les éléments qui ont servi à établir le présent travail ont été puisés aux sources mentionnées ci-dessous.

1° SOURCES MANUSCRITES.

1° *Archives historiques de la guerre* : Cent-Jours; Armée des Alpes; Correspondance et situations. (A. H. G.)

Si on peut extraire de ces archives une ample moisson de renseignements concernant l'organisation, la composition et les effectifs de l'armée des Alpes de 1815, on n'y trouve, par contre, que fort peu de documents se rapportant aux marches et opérations.

2° *Archives administratives du ministère de la guerre.*

Les quelques notes biographiques sur les généraux qui servaient à l'armée des Alpes ont été prises dans ces archives.

2° SOURCES IMPRIMÉES DE LANGUE FRANÇAISE

1° *Relation militaire des principaux mouvements et combats de l'armée austro-sarde dans la campagne de 1815*, par le comte Th. DE VILLETTE-CHIVRON, sous-chef d'état-major du contingent piémontais dans ladite campagne (Turin, Dominique Pane).

L'auteur nous laisse dans l'ignorance sur l'époque où il écrivit sa relation; il ne nous dit pas non plus si elle fut la mise en œuvre de documents originaux contemporains des événements, ou bien s'il y recueillit simplement ses souvenirs. Encore qu'on soit forcé de faire certaines réserves sur un ouvrage présentant de semblables lacunes, on ne doit pas moins tenir un compte sérieux d'un livre qui emprunte une sorte de caractère officiel à la situation qu'occupait son auteur.

2° *Le général Dessaix; sa vie politique et militaire*, par Joseph DESSAIX et André FOLLIET (Annecy, A. L'Hoste, 1879).

Cet ouvrage, écrit d'après les archives de la guerre, les notes personnelles de Dessaix, ainsi que d'après une volumineuse correspondance de ce général, obligeamment communiquée aux auteurs, constitue une source d'informations des meilleures. Nous y avons fait de larges emprunts.

3° *Le maréchal Bugeaud d'après sa correspondance intime et des documents inédits*, par le comte H. D'IDEVILLE (Paris, Firmin-Didot, 1881). — *Œuvres militaires du maréchal Bugeaud, duc d'Isly*, réunies et mises en ordre, par WEIL, ancien capitaine de cavalerie (Paris, Baudouin, 1883).

Ces deux livres nous donnent de précieux détails sur les combats de Saint-Pierre-d'Albigny, de Conflans-l'Hôpital et de Moutiers. Les archives de la guerre ne renferment que des comptes rendus sommaires de ces engagements.

4° *1815, Waterloo*, par Henri HOUSSAYE; — *1815, La Seconde Abdication, La Terreur blanche*, par le même auteur (librairie Perrin).

Nous empruntons quelques citations à ces admirables ouvrages, dont la valeur historique et littéraire est connue de tous les lecteurs.

5° *Correspondance de Napoléon*, tome XXVIII (librairie Plon et Dumaine, 1869); — *Correspondance du maréchal Davout*, tome IV (librairie Plon, 1885).

6° *Mémoires du maréchal Grouchy*, par le marquis DE GROUCHY, officier d'état-major (librairie Dentu, 1873).

7° *Les Autrichiens dans le département de l'Ain et le pays de Gex*, par Elysée LECOMTE (librairie Martinon, Paris, 1859).

8° *Dix Ans de mes Souvenirs militaires*, par le général GIROD de l'Ain (librairie Dumaine, 1873).

9° Mentionnons encore, parmi les ouvrages qui se rattachent aux œuvres de critique historique, les *Méthodes de Guerre* du général PIERRON (1er volume, 2° partie); l'*Histoire des Campagnes de 1814 et 1815*, par le général Guillaume DE VAUDONCOURT.

3° SOURCES IMPRIMÉES DE LANGUE ALLEMANDE

1° *Der Krieg des verbündeten Europa gegen Frankreich im Jahre, 1815*, von Carl von PLOTHO, königlich-preussichem Oberstlieutenant (Berlin, 1818, Carl Friederich Amelang).

Ce livre, écrit peu de temps après la guerre, d'après des documents originaux, constitue une source des plus sérieuses.

2° *Geschichte des Feldzuges von 1815 in Niederlanden und Frankreich*, DAMITZ (Berlin, Ernst Siegfried Mittler und Sohn, 1838).

Pour la partie qui concerne la campagne de 1815 dans le sud-est de la France, l'auteur semble n'avoir pris son information que dans le livre de Plotho. On y trouve fort peu de renseignements qui ne soient déjà connus.

En résumé, cette étude est presque exclusivement étayée sur des documents de seconde main. Aussi ne convient-il pas de lui attribuer un caractère définitif, si tant est qu'il puisse y avoir quelque chose de définitif en histoire. La mise en œuvre des archives autrichiennes et sardes, que nous n'avons point eu le loisir de dépouiller, permettrait seule de la compléter.

Nous avons pensé que ce travail, sur un sujet inédit, pouvait néanmoins, dans son état actuel, avoir une certaine utilité historique, en ce sens qu'il pourrait inciter les chercheurs et les curieux à se procurer une information plus directe et plus étendue. Dans tous les cas, son intérêt didactique est incontestable; il nous fournit de précieux enseignements sur la guerre en pays de montagne, et nous fortifie dans cette conviction, affirmée dans tous les temps, que la mobilité et la connaissance approfondie du théâtre d'opérations y sont les principaux facteurs du succès.

LE

CORPS D'OBSERVATION DES ALPES

EN 1815

UNE CAMPAGNE D'UN MOIS

CHAPITRE Ier

a) **Composition et formation du 7ᵉ corps.**

Les régiments qui constituèrent l'embryon de l'armée
des Alpes furent ceux qui entrèrent en lutte avec le parti
que le duc d'Angoulême avait réuni à Nîmes, et à la tête
duquel il devait tenter de remonter la vallée du Rhône.

Ces régiments étaient :

Le 6ᵉ léger,

Le 39ᵉ de ligne,

Le 49ᵉ de ligne.

Le général Dessaix, qui commandait à Lyon, leur adjoi-
gnit des fractions du 13ᵉ dragons, du 4ᵉ hussards et quelques bouches à feu tirées des places de Lyon et Grenoble (1).

---

(1) Le général Dessaix avait été nommé gouverneur militaire
de Lyon et commandant de la 19ᵉ division militaire, lors du passage de l'Empereur à Lyon, à son retour de l'île d'Elbe.

Ces divers éléments furent placés sous les ordres du général Grouchy (1), qui les dirigea successivement à la rencontre des troupes restées fidèles à la royauté.

Dans les premiers jours d'avril, à la suite de mauvaises nouvelles venues de Lyon (2), le faible corps du général Grouchy reçut l'appoint d'une division d'infanterie, d'un bataillon d'artillerie et d'un bataillon de sapeurs, expédiés en hâte de Paris sur Lyon.

En exécution des ordres de l'Empereur (3), les instructions ci-après furent, à cette occasion, adressées par le maréchal Davout au général Grouchy.

« ..... La division Girard part, demain à la pointe du jour, en poste, pour Lyon, où elle arrivera en quatre jours. Le général Girard vous préviendra de la marche de ses colonnes, pour que vous puissiez envoyer au-devant. Je donne l'ordre également à un bataillon d'artillerie du 4ᵉ régiment et à un bataillon de sapeurs, qui sont partis ce matin pour Lyon, de prendre la poste pour réjoindre plus vite. J'ai donné également l'ordre au général Morand de presser sa marche sur Nîmes, par sa colonne de gauche.

» L'Empereur envoie le général Brayer pour commander à Lyon, parce que ce général connaît les dispositions de cette ville. Vous pourrez alors disposer du général Dessaix pour le porter en avant. Je vous envoie également en poste le colonel du 4ᵉ hussards, qui est un

---

(1) *Correspondance du maréchal Davout* (lettre du 31 mars 1815), page 385.

(2) A la suite de l'affaire de Loriol, le général Debelle avait été obligé de se retirer précipitamment sur Grenoble sans détruire le pont de Romans et sans prendre les mesures nécessaires pour défendre le passage de l'Isère. Les troupes royalistes s'avancèrent sur Lyon et menacèrent cette ville, où Grouchy dut proclamer l'état de siège [Grouchy à l'Empereur, Pont-Saint-Esprit, 11 avril 1815 (A. H. G., *Cent-Jours, Armée des Alpes*)].

(3) L'Empereur au maréchal Davout (*Correspondance de Napoléon*, t. XXVIII, p. 72.)

homme sûr, pour se mettre à la tête des escadrons que vous avez à Lyon. L'Empereur vous prescrit de faire mettre pied à terre aux gardes d'honneur de Lyon, pour procurer des chevaux aux hommes à pied du 4ᵉ hussards et de la partie du 13ᵉ dragons qui est à Lyon.

» Si mon aide de camp est trop fatigué, envoyez un aide de camp au général La Salcette (1) pour lui donner l'ordre de manœuvrer pour garantir Lyon. Je suppose que le général Dessaix a pris des mesures pour se procurer des munitions ; il pourrait en tirer de Grenoble et au besoin de la Franche-Comté ; je pense qu'il a dû s'organiser des pièces de campagne (2). »

La division Girard, qui comprenait les 7ᵉ, 14ᵉ, 20ᵉ et 24ᵉ de ligne, n'intervint pas dans la répression du mouvement insurrectionnel du Midi. Le lendemain de son arrivée à Lyon, le duc d'Angoulême, fait prisonnier, signait la capitulation de La Palud, du 9 avril, et le corps du général Grouchy devenait disponible pour d'autres opérations. Il allait bientôt être employé à la défense des frontières de la Savoie, que menaçait une nouvelle invasion.

Dès le 25 mars, une septième coalition s'était formée contre la France, coalition dans laquelle entraient, entre autres puissances, l'Autriche et la Sardaigne.

Le roi de Sardaigne entretenait à cette époque un corps d'occupation d'environ 3.000 hommes dans la partie de la Savoie qui lui avait été rétrocédée par le traité du 30 mai 1814 (3). En outre il avait rassemblé de l'autre côté des Alpes, aux environs d'Alexandrie, un corps de toutes ar-

---

(1) Le général La Salcette commandait la 7ᵉ division militaire à Grenoble.

(2) *Correspondance du maréchal Davout*, t. IV, p. 396.

(3) Ce traité avait rendu la plus grande partie des départements du Léman et du Mont-Blanc (Haute-Savoie, Savoie) au roi du Piémont et de Sardaigne. Seuls les arrondissements de Chambéry, Annecy et Rumilly avaient été laissés à la France.

mes fort d'environ 10.000 hommes, qui se grossissait tous les jours et qui était exercé sans relâche (1).

De son côté, l'Autriche avait dans la Haute-Italie (Lombardie, Vénétie et Légations) une armée d'occupation d'environ 48.000 hommes, dont la plus grande partie pouvait en quelques jours se concentrer en Piémont (2).

Les renseignements transmis par les généraux Dessaix et La Salcette, commandant respectivement les 19e et 7e divisions militaires (Lyon et Grenoble), signalaient des mouvements de troupes sardes sur les frontières de la Savoie, et une concentration de troupes autrichiennes en Piémont, qui constituaient un danger auquel il fallait parer le plus tôt possible.

Le 1er avril, le général Dessaix écrivait ce qui suit au Ministre de la guerre :

« Les troupes piémontaises qui étaient stationnées au château des Marches et à Saint-Jeoire se sont concentrées à Montmélian et à Conflans. Ce mouvement peut faire penser que la troupe réunie à Conflans a peut-être l'intention de passer par les Pierres-d'Héry (3) pour se rendre au Chablais et y renforcer les régiments piémontais qui s'y trouvent. D'un autre côté j'apprends qu'il se fait des approvisionnements en vivres, riz, etc., tant en Piémont que dans le pays de Gênes et même en Savoie. Cette marche rétrograde des Piémontais m'a paru digne d'attention ; elle coïncide avec un rassemblement nombreux de troupes autrichiennes en Piémont (4). »

De son côté, le général La Salcette écrivait le 2 avril au général Grouchy :

---

(1) Relation militaire du comte de Villette-Chivron.
(2) Sans compter l'armée autrichienne de Naples (25.000 hommes, sous Bianchi), qui, ayant défait Murat, devenait disponible pour des opérations sur la frontière des Alpes. (Voir Henri Houssaye, *1815*, p. 94.)
(3) L'ancien chemin d'Ugines à Flumet passait par Héry.
(4) *Le général Dessaix*, p. 375.

« Il n'y a rien de nouveau du côté de la Savoie ; les troupes du roi de Sardaigne s'y réunissent. Il est lui-même de sa personne à Saint-Jean-de-Maurienne, du moins tous les rapports le disent. Les détachements que j'ai placés sur la frontière observent les mouvements de l'ennemi et gardent tous les débouchés (1). »

Pour parer à la menace d'une invasion de ce côté, l'Empereur avait prescrit la formation d'un « corps d'observation des Alpes », portant le numéro 7, qui devait, en principe, comprendre quatre divisions d'infanterie et une division de cavalerie.

Il en confia le commandement au maréchal Grouchy (2) et lui fit adresser, le 16 avril, l'ordre de concentration suivant :

---

(1) *Mémoires du maréchal Grouchy*, t. III, p. 251 et 252.

(2) Grouchy avait été nommé maréchal par décret impérial du 15 avril 1815.

D'après les instructions qui lui avaient été adressées par le Ministre de la guerre, le 11 avril 1815, son corps d'armée devait avoir la composition indiquée au tableau ci-dessous :

22ᵉ DIVISION (général Girard). (Un des régiments de cette division devait passer à la 24ᵉ division pour que chacune des divisions du nouveau corps fût composée de 3 régiments.)

7ᵉ régiment de ligne.	2	bataillons.
14ᵉ —	2	—
20ᵉ —	2	—
24ᵒ —	2	—

23ᵉ DIVISION

6ᵉ régiment d'infanterie légère.	2	bataillons.
39ᵉ régiment de ligne.	2	—
49ᵉ —	2	—

24ᵉ DIVISION

16ᵉ régiment de ligne (stationné en Provence).	2	bataillons.
87ᵉ — —	2	—
1 régiment tiré de la 22ᵒ division.	2	—

25ᵒ DIVISION

14ᵉ régiment d'infanterie légère (stationné en Corse).	2	bataillons.
9ᵒ régiment de ligne —	2	—
34ᵒ — —	2	—

Les bataillons devaient être, autant que possible, portés à l'effectif de 500 hommes complètement habillés, équipés et armés.

« L'Empereur ordonne :.

» 1° Que la 22ᵉ division d'infanterie, commandée par le général Girard, qui est composée des 7ᵉ, 14ᵉ, 20ᵉ et 24ᵉ régiments de ligne, se dirige sur Grenoble. Donnez-lui-en l'ordre. J'écris de mon côté à M. le duc d'Albuféra (1) de la faire partir sur-le-champ pour Grenoble si elle se trouve encore à Lyon.

» 2° Que la 23ᵉ division d'infanterie, composée des 6ᵉ léger, 39ᵉ et 49ᵉ régiments de ligne, se réunisse à Chambéry et que le général Dessaix se rende à Chambéry pour prendre le commandement de cette division.

» Donnez les ordres nécessaires pour que ceux de ces régiments qui doivent sortir de Provence pour cette division se mettent en grande marche (2). La 24ᵉ division, composée des 16ᵉ et 87ᵉ de ligne, auxquels vous pourrez joindre postérieurement le 14ᵉ de ligne, restera provisoirement en Provence jusqu'à ce que les trois régiments destinés à former la 25ᵉ division aient été ramenés de l'île de Corse.

La division de cavalerie (10ᵉ division de cavalerie légère) devait être ainsi composée :

4ᵉ hussards.	3 escadrons.
10ᵉ chasseurs.	3 —
13ᵉ dragons.	3 —

L'intention de l'Empereur était alors de faire concentrer ces divisions sur les points les plus convenables (Grenoble, Chambéry, Provence) tant pour la sûreté de la frontière des Alpes que pour le maintien de l'ordre dans les 7ᵉ et 8ᵉ divisions militaires.

[Le Ministre de la guerre au général Grouchy, 11 avril 1815 (A. H. G., *Cent-Jours, Armée des Alpes*).]

(1) Le maréchal Suchet, duc d'Albuféra, avait été nommé au commandement des 6ᵉ, 7ᵉ, 8ᵉ, 9ᵉ et 19ᵉ divisions militaires le 4 avril (*Correspondance du maréchal Davout*, t. IV, p. 399). Les chefs-lieux de ces divisions étaient Dijon, Grenoble, Marseille, Nîmes et Lyon.

(2) Ces régiments, qui avaient été employés à la répression du mouvement insurrectionnel du Midi, avaient été poussés jusqu'à Orgon, en Provence.

» Cette division formera la division de Provence et restera définitivement dans ce pays.

» Quant à la 10e division de cavalerie, qui est destinée à
être rattachée au 7e corps d'observation, l'intention de
Sa Majesté est que vous la fassiez porter sur la ligne de
Chambéry.

» L'Empereur pense que la prompte réunion à Chambéry de forces composées d'infanterie, de cavalerie et
d'artillerie est indispensable. . . . .

» L'intention de Sa Majesté est aussi que vous portiez,
aussitôt qu'il vous sera possible, votre quartier général à
Chambéry (1). »

Le corps d'observation des Alpes devait être renforcé,
dans la suite, par trois divisions de gardes nationales,
dont l'Empereur avait prescrit la formation et qui devaient
recevoir l'appellation de 5e, 6e et 7e divisions de réserve (2).

Les deux premières avaient ordre de se réunir respectivement à Fort-Barraux et Valence, sous les ordres
des généraux Chabert et Pannetier ; la troisième, sous les
ordres du général Maransin, devait se concentrer « dans
une position entre le fort l'Écluse et Lyon, pour couvrir
cette dernière ville contre une colonne ennemie qui viendrait de Genève (3) ». Ces divisions ne furent jamais complètement organisées.

La composition définitive de ce corps au commencement
des hostilités, c'est-à-dire au milieu de juin, était celle
du tableau ci-après (4) :

---

(1) Le Ministre de la guerre au général Grouchy, 16 avril
1815 (A. H. G., *Cent-Jours, Armée des Alpes*). Voir aussi *Mémoires du maréchal Grouchy*, t. III, p. 394 et 395.

(2) *Correspondance de Napoléon*, Instructions au Ministre de
la guerre en date du 17 avril et du 1er mai, tome XXVIII, pages
106 et 148.

(3) *Correspondance de Napoléon*, Instructions au Ministre de
la guerre en date du 1er mai 1815, tome XXVIII, page 148.

(4) État sommaire de la situation des forces présentes à la date

Commandant en chef : maréchal SUCHET (1).
Chef d'état-major général : SAINT-CYR-NUGUES.

22e DIVISION : général Pacthod (2).

Brigade Mesclop.

7e de ligne	3 bataillons	2.996 officiers et soldats.
14e —	2 —	

Brigade Bouvart.

20e de ligne	3 bataillons	2.409 officiers et soldats.
24e de ligne	2 —	

Effectif de la division : 5.405 officiers et soldats.

23e DIVISION : général Dessaix.

Brigade Montfalcon.

6e léger (3).
67e de ligne (4) .... 3 bataillons   1.709 officiers et soldats.

Brigade Revest.

42e de ligne..............	2 bataillons	1.534 officiers et soldats.
53e —	2 —	

Effectif de la division : 3.243 officiers et soldats.

DIVISION DE CAVALERIE : général Quesnel.

Brigade Meyer.

10e chasseurs	3 escadrons	887 officiers et soldats.
18e dragons	3 —	915 chevaux.

5e DIVISION DE RÉSERVE DE GARDE NATIONALE : général Chabert.

Brigade Soulier.

Bataillons de garde nationale
de l'Isère.............. 6 bataillons   2.213 officiers et soldats.

---

du 15 juin 1815 [A. H. G., 1815. Situations (7e corps ou corps d'armée des Alpes)].

(1) Nommé au commandement en chef du 7e corps le 26 avril, en remplacement du maréchal Grouchy (*Correspondance de Napoléon*, t. XXVIII, p. 132). Celui-ci fut désigné, le 3 juin, pour prendre le commandement de la cavalerie de la Grande Armée (*Ibid.*, p. 251.)

(2) « Le général Pacthod, soit qu'il ne fût pas désireux de servir le régime des Cent-Jours, soit qu'il fût réellement hors d'état de faire campagne, s'excusa sur l'état de sa santé et ne prit jamais le commandement de cette division ; il fut remplacé, le 15 juin, par le général Curial. » (*Le Général Dessaix*, loc. cit., p. 385.)

(3) Le 6e léger ne rejoignit pas. Il fut dirigé sur Marseille, pour y maintenir l'ordre troublé par des manifestations royalistes.

(4) Un certain nombre de régiments avaient changé de numéros pendant les Cent-Jours. Les 67e, 42e et 53e de ligne et le 18e dragons étaient les anciens 63e, 39e et 49e de ligne et 13e dragons, qui avaient pris part à la lutte contre le parti du duc d'Angoulême (*Journal du Mont-Blanc*, 1815, fascicule 20; décret du 25 avril.)

Brigade Gasques.

Bataillons de garde nationale
de l'Isère................ ...... 6 bataillons 2.913 officiers et soldats.
    Effectif de la division : 5.126 officiers et soldats.

6e DIVISION DE RÉSERVE DE GARDE NATIONALE : général Pannetier.
Brigade Gay.

Bataillons de la Drôme et de
l'Isère.................... 4 bataillons 1.912 officiers et soldats.
Brigade Gauthier.

Bataillons de la Drôme et de
l'Isère.................... 4 bataillons 1.760 officiers et soldats.
    Effectif de la division : 3.672 officiers et soldats.

7e DIVISION DE RÉSERVE DE GARDE NATIONALE : général Maransin.
Brigade Beuret.

Bataillons du Rhône et du
Puy-de-Dôme............. 3 bataillons 1.610 officiers et soldats
Brigade Guillet.

Bataillons de la Loire et de
la Haute-Loire.......... 3 bataillons 1.125 officiers et soldats.
    Effectif de la division : 2.735 officiers et soldats.

GARNISONS DES PLACES FORTES

14 bataillons de garde nationale, formant
un effectif de .... 3.278 officiers et soldats

GÉNIE

3e régiment du génie.......... 2 comp^{ies} 165 officiers et soldats.

ARTILLERIE.

4e régiment d'artillerie à pied.. 6 comp^{ies} ⎫
4e   —   —   à cheval 1 — ⎬ 394 officiers et soldats.
7e escadron du train .... 6 — ⎭ 28 pièces de canon.

PONTONNIERS

1er bataillon .... 1 comp^{ie} 72 officiers et soldats.

GENDARMERIE.

54 officiers et gendarmes.

		Officiers et soldats.	Chevaux	Pièces de canon
	Infanterie..............	8.648	»	»
	Gardes nationales	14.811	»	»
RÉCAPITULATION .	Cavalerie..............	887	915	»
	Artillerie..............	466 (1)	»	28
	Génie	165	»	»
	Gendarmerie	54	»	»
		25.031	915	28

(1) Y compris les pontonniers.

La composition du corps d'observation des Alpes appelle quelques commentaires. Il convient de remarquer tout d'abord que la division de cavalerie fut, en bonne logique, disloquée dès le début des opérations. Le 10e chasseurs et le 18e dragons affectés respectivement aux 22e et 23e divisions d'infanterie devinrent régiments divisionnaires, pour employer la terminologie actuelle et jouèrent à ce titre un rôle important au cours des opérations. Quant au 4e hussards, il avait reçu, à la fin d'avril, l'ordre de se diriger sur Dijon (1). Un certain nombre d'hommes de ce régiment entrèrent cependant dans la composition des détachements de couverture qui furent échelonnés le long de la frontière suisse, dans le pays de Gex (2).

L'artillerie à pied, qui servait des pièces de 12, trop lourdes pour être employées en montagne, joua un rôle très effacé. Contrainte à cheminer sur les grandes routes, elle ne put agir qu'à proximité immédiate des grandes voies de communication, pour l'attaque ou la défense des défilés, tels que les ponts de Conflans-l'Hôpital, d'Argentine et de la Dranse.

Quant à l'artillerie à cheval, la seule artillerie légère qu'il y eût dans le corps d'armée, elle ne prit aucune part aux opérations, faute d'attelages.

b) **Les effectifs.**

Des décrets, en date du 28 mars et du 9 avril, avaient prescrit le rappel sous les drapeaux de tous les sous-officiers et soldats ayant quitté l'armée pour « quelque

---

(1) Il se mit en route de Chambéry pour Dijon le 5 mai [Le maréchal Grouchy au Ministre de la guerre, Chambéry, 5 mai 1815 (A. H. G.).]

(2) Au commencement de juin, ces hussards furent remplacés par un détachement du 18e dragons.

raison que ce soit (1) ». Ceux qui résidaient dans les 7° et 19° divisions militaires devaient rejoindre les régiments de l'armée des Alpes.

L'Empereur estimait que cet appoint porterait ces corps à l'effectif de 2.400 hommes (2). Le contingent de la conscription de 1815 fourni par le Dauphiné, qui leur était également destiné, devait les compléter rapidement à 3.000 hommes (3).

Au milieu de juin, l'effectif de ces régiments était loin de compte.

La brigade Mesclop (7° et 14° de ligne) ne comptait que 2.996 officiers et soldats.

La brigade Bouvart (20° et 24° de ligne), 2.409 officiers et soldats.

La brigade Montfalcon (67° de ligne) (4), 1.709 officiers et soldats.

La brigade Revest (42° et 53° de ligne), 1.534 officiers et soldats.

Soit 8.648 (5) officiers et soldats au total, ce qui donne un effectif moyen de 1.235 hommes par régiment.

Les deux régiments de cavalerie (10° chasseurs et 18° dragons) comptaient en tout 915 chevaux.

Le parc d'artillerie était à peine pourvu de la moitié de ses pièces et l'artillerie à cheval n'avait pas d'attelages (6).

---

(1) Ces militaires étaient soit des hommes en congé limité ou illimité, soit des « absents sans permissions », c'est-à-dire des déserteurs.

(2) *Correspondance de Napoléon*, 20 mai 1815, tome XXVIII, page 207.

(3) *Correspondance de Napoléon*, 12 mai 1815, tome XXVIII, page 178.

(4) Par suite du maintien à Marseille du 6° léger, cette brigade se trouvait réduite à un régiment.

(5) A la date du 5 juin 1815, les forces actives du corps de armée des Alpes comprenaient, pour l'infanterie, 7.174 hommes, non compris les officiers (A. H. G., 1815, Situations.)

(6) *Le Général Dessaix*, p. 386. — Dans les départements de la

Quant aux divisions de gardes nationales, la lettre ci-dessous, adressée le 25 mai par le maréchal Suchet au maréchal Soult, major-général de la Grande Armée, montre qu'elles se formaient avec difficulté et lenteur.

« Les bataillons du Mont-Blanc, qui forment la garnison de Grenoble, n'ont pu être portés à 400 hommes, que par le concours de nombreux garnisaires de troupes de ligne, qui ont couvert le pays. L'esprit de ce département est bien différent de celui de l'Isère. Les campagnards sont travaillés par les prêtres, pour retourner sous la domination du roi de Sardaigne et éviter la guerre. Cette circonstance offrira du danger à faire manœuvrer cette garnison dans les montagnes.

» Je vous fais passer le rapport (1) du général Puthod, sur la formation de la 7ᵉ division de gardes nationales qu'il est chargé de former à Lyon. Vous jugerez des difficultés qu'il rencontre.....

» Vous me faites connaître que l'intention de l'Empereur est qu'au 5 juin toutes ces dispositions soient remplies et que mon corps d'armée soit en état d'entrer en campagne et d'exécuter des ordres de mouvement deux heures après

---

frontière du sud-est, le rappel des anciens militaires avait eu peu de succès.

Dessaix écrivait en effet, le 25 avril, au Ministre de la guerre :

« Une classe d'hommes irréconciliables avec les idées libérales s'agite dans tous les sens pour empêcher l'élan national, surtout parmi les habitants des campagnes, où leur influence est plus grande en raison de l'ignorance du peuple ; les perfides suggestions de ces ministres tendent particulièrement à provoquer, la résistance à l'appel fait aux militaires, ou la désertion. C'est avec regret que je suis forcé d'avouer que leurs manœuvres ne sont pas sans effet, et que beaucoup de jeunes gens rappelés échappent à la loi. L'influence des prêtres serait moins active si la présence de quelques troupes en imposait aux ennemis éternels du chef de l'État. Aussitôt que j'en aurai à ma disposition, je prendrai les mesures commandées par les circonstances, d'après les ordres de Votre Excellence » (A. H. G., *Cent-Jours*, *Armée des Alpes*.)

(1) Ce rapport ne se trouve pas aux archives historiques de la guerre.

les avoir reçus. Ainsi, Monsieur le Maréchal, j'aurai douze jours pour remplir toutes les dispositions que vous m'avez tracées. Comme il faut huit jours aux troupes de Valence pour se rendre à Chambéry, et qu'il n'existe pas un seul bataillon de gardes nationales habillé, il convient que je vous fasse connaître ce que je pourrai avoir de disponible au 6 juin :

» 15 bataillons d'infanterie, 8 escadrons de cavalerie, 24 bouches à feu attelées, et tout au plus 10 bataillons de gardes nationales formant 3.000 à 4.000 hommes pourvus d'une capote et d'une giberne (1). »

Les hostilités ne commencèrent que le 15 juin. A cette date, la situation des troupes de garde nationale était meilleure que celle indiquée par le maréchal.

La 5ᵉ division comprenait alors 12 bataillons, soit environ 5.000 hommes ;

La 6ᵉ division, 8 bataillons (sans sacs ni gibernes), environ 3.600 hommes ;

La 7ᵉ division, 6 bataillons complètement organisés, environ 2.700 hommes.

Soit 26 bataillons formant un total d'environ 11.300 gardes nationaux (2).

D'après une lettre de l'Empereur en date du 1ᵉʳ mai 1815, adressée au Ministre de la guerre, ces 3 divisions de réserve devaient compter :

5ᵉ division : 12 bataillons de là 7ᵉ division militaire (Dauphiné) ;

6ᵉ division : 12 bataillons de la même division ;

7ᵉ division : 14 bataillons de la 19ᵉ division militaire (Lyonnais).

Soit, au total, 38 bataillons.

---

(1) Le maréchal Suchet au maréchal Soult, Chambéry, 25 mai 1815 (A. H. G., *Cent-Jours, Armée des Alpes*).
(2) Situation de l'armée des Alpes au 15 juin 1815.

Comme on le voit, le déficit était considérable aussi bien dans les troupes de garde nationale que dans les troupes de ligne. Pourtant, au milieu de juin, tous les décrets impériaux concernant le rappel des hommes en congé, le rappel des hommes absents irrégulièrement (insoumis, déserteurs), la levée des gardes nationales, devaient avoir eu leur plein effet.

Au cours de la campagne, les mauvaises nouvelles reçues de l'intérieur et les marches rétrogrades jetèrent le découragement dans les troupes de l'armée des Alpes. La désertion y fit de grands ravages, et l'effectif total, qui était d'environ 25.000 hommes au 15 juin, tomba à 15.000 au milieu de juillet (1).

c) **Le commandement.**

La pratique de la guerre de montagne et la connaissance approfondie du théâtre d'opérations peuvent, dans les Alpes, atténuer, dans une large mesure, une infériorité résultant d'un défaut d'effectifs ou du manque de moyens matériels.

Il convient, par suite, de n'y confier des commandements qu'aux seuls chefs connaissant bien le pays et la façon d'y faire la guerre.

Il semble bien que cette considération servit de guide pour le choix des commandants des grandes unités qui participèrent à la campagne de 1815 dans cette région.

Le maréchal Suchet, né à Lyon, avait fait les campagnes de 1796 et 1800 dans les Alpes et en Italie, de 1799

---

(1) Situation sommaire de l'armée des Alpes à la date du 15 juillet (*Le Général Dessaix*, pièces justificatives, p. 484). Voir aussi situation jointe à la lettre du maréchal duc d'Albuféra au Ministre de la guerre, 16 juillet 1815 (A. H. G., *Cent-Jours, Armée des Alpes*).

en Suisse, de 1808 à 1814 dans les régions montagneuses de l'Espagne.

Le général Saint-Cyr-Nugues, chef de l'état-major de l'armée des Alpes, était né à Romans ; il avait pris part aux campagnes de 1792 et 1793 dans les Pyrénées, et à celles de 1799 et 1800 en Italie. Attaché depuis lors à la personne du maréchal Suchet, soit comme aide de camp, soit comme chef d'état-major, il l'avait suivi en Espagne, où il avait séjourné de 1808 à 1814 (1).

Le général Curial, né à Saint-Pierre-d'Albigny, était entré au service comme capitaine au 1er bataillon de volontaires du Mont-Blanc. Il avait servi à l'armée des Pyrénées-Orientales pendant les années 1793, 1794 et 1795, à l'armée d'Helvétie en 1798, en Espagne en 1808 (1).

Le général Dessaix, né à Thonon, avait été successivement capitaine, chef de bataillon et chef de brigade à la célèbre légion des Allobroges ; il avait pris part avec elle à la campagne de 1792 à l'armée des Alpes. En 1794 et 1795, il avait combattu dans les rangs de l'armée des Pyrénées-Orientales ; fait prisonnier à l'armée d'Italie en 1796, il avait participé par la suite à la campagne de 1799 en Suisse. En 1814, il exerçait le commandement d'une division à l'armée des Alpes (1). Son chef d'état-major, le colonel Domenget, qui était de Chambéry, avait fait la campagne de 1793 en Savoie.

Le général Montfalcon était né à Pont-de-Beauvoisin. Le colonel Bochaton, commandant le 53e de ligne, qui joua un rôle très actif dans la campagne, était d'Évian.

On peut dire que tous les cadres étaient rompus à la conduite de la guerre de montagne.

Depuis le commencement d'avril, ceux de la 23e division ne cessaient de marcher et combattre dans la zone subal-

---

(1) Archives administratives de la guerre.

pine. Ceux de la 22ᵉ division rentraient d'Espagne, où ils avaient combattu en Aragon, en Catalogne et dans les Pyrénées.

Dans les formations de gardes nationales, les titulaires des hauts commandements (divisions, brigades, chefs de légion) provenaient des troupes de ligne et étaient nommés par l'Empereur.

En examinant les états de service des généraux qui furent appelés à commander des divisions de gardes nationales à l'armée des Alpes, on est amené à conclure qu'ils furent choisis, comme pour les troupes actives, parmi ceux qui avaient la pratique de la guerre de montagne.

Chabert était originaire de Villefranche-sur-Saône : entré au service sous l'ancien régime, il avait fait campagne en Corse pendant les années 1775 et 1776. Successivement lieutenant, capitaine puis chef de bataillon au 1ᵉʳ bataillon de volontaires de Villefranche, au début de la Révolution, il avait ensuite servi comme général de brigade à l'armée des Pyrénées-Orientales en 1793 et 1794, puis à l'armée des Alpes pendant les années 1795 et 1796. Affecté à la division Dupont, il prit part à la guerre d'Espagne et fut destitué après la capitulation de Baylen. Il avait été rappelé à l'activité en 1814 par Louis XVIII ; retraité pour ancienneté de services au mois de décembre 1814, Napoléon le rappela à nouveau à son retour de l'île d'Elbe et le nomma général de division au mois d'avril 1815 (1).

Le général Pannetier était né à Pont-de-Vaux, dans le département de l'Ain ; volontaire en 1791, au 3ᵉ bataillon de l'Ain, il avait fait campagne de 1795 à 1801 à l'armée d'Italie, à l'armée de réserve et à l'armée des Grisons ; envoyé en Espagne en 1808, il fut fait prisonnier à Baylen.

____

(1) Archives administratives de la guerre.

De 1810 à 1814, il participa aux campagnes dans les régions montagneuses de l'Espagne ; enfin, en 1814, il exerça un commandement à l'armée de Lyon (1).

Quant au général Maransin, originaire de Lourdes (Hautes-Pyrénées), il était entré au service comme capitaine au 1er bataillon des Hautes-Pyrénées et avait pris part aux campagnes de 1792, 1793 et 1794 à l'armée des Pyrénées-Orientales. Il avait, en outre, fait comme général de brigade et comme général de division la guerre en Espagne de 1807 à 1813 (1).

Le jeu normal de l'institution des comités d'arrondissements et départementaux assurait un recrutement d'officiers supérieurs et subalternes (2) issus des populations qu'ils étaient appelés à commander et du pays qu'ils auraient à défendre le cas échéant.

Dans l'organisation des troupes de gardes nationales, des raisons d'ordre psychologique s'ajoutaient aux raisons purement militaires pour imposer un choix d'officiers connaissant les hommes et les choses du pays. Il importait, en effet, pour que les formations hâtives de gardes natio naux prissent, dès le début, un peu de discipline et de cohésion, que les officiers connussent les tendances, l'état d'esprit et le caractère des hommes qu'ils allaient commander et qu'ils fussent également connus d'eux.

Il n'est pas sans intérêt de rappeler ici que le colonel Bugeaud, commandant le 14e de ligne (22e division), qui devait soutenir le combat le plus glorieux de la campagne, faillit perdre son commandement. S'il put néanmoins rester à la tête de son régiment, ce fut grâce à l'interven-

---

(1) Archives administratives de la guerre.

(2) Les chefs de bataillon et officiers subalternes de la garde nationale étaient choisis et nommés par des comités d'arrondissements et départementaux (Voir *La Défense nationale en 1815*, par A. Chuquet ; — Annales révolutionnaires, janvier-mars 1908.)

lion du maréchal Grouchy, qui prit sa défense auprès du Ministre de la guerre dans les termes ci-après :

« Monsieur le Maréchal,

» Le lieutenant-général Girard, dans la division duquel se trouve le 14e régiment d'infanterie, m'a adressé, quant au remplacement du colonel Bugeaud par le colonel Jacquet désigné pour prendre le commandement du 14e, des observations auxquelles il me semble urgent que Votre Excellence veuille bien avoir égard. La conduite, le dévouement, les principes dont a fait preuve le colonel Bugeaud doivent le faire considérer comme un chef précieux pour le corps qu'il commande. Il possède l'attachement, l'estime et la confiance de ses subordonnés ; le leur ôter, c'est douloureusement affecter un régiment distingué par son bon esprit, son instruction, sa tenue et son amour pour l'Empereur (1). »

d) **Concentration en Savoie.**

(Carte n° 1.)

Nous avons vu que, le 16 avril, l'Empereur avait ordonné de concentrer la 22e division à Grenoble, la 23e division et la cavalerie à Chambéry. Le 25 du même mois, le maréchal Grouchy établissait son quartier général dans cette dernière ville.

Le 27, il transmettait la dépêche suivante au Ministre de la guerre :

« Il n'y a rien de nouveau sur la frontière piémontaise en Savoie. La désertion des régiments du roi de Sardaigne, qui occupent la Maurienne et la Tarentaise, continue et va

____

(1) *Mémoires du maréchal Grouchy*, tome III, page 398. Voir aussi lettre du maréchal Grouchy au Ministre de la guerre, Chambéry, 28 arvil (A. H. G., *Cent-Jours, Armée des Alpes*).

CARTE N° 1.

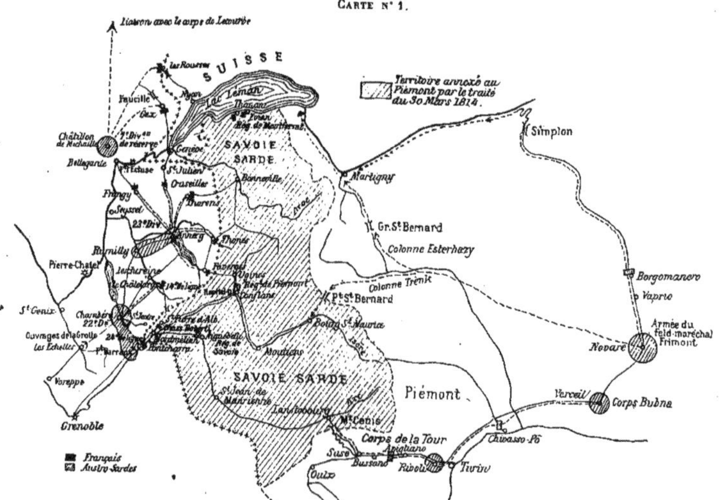

Positions de l'armée française des Alpes et de l'armée austro-sarde avant le commencement des hostilités en 1815.

s'accroître, soyez-en sûr, dès que les troupes du 7e corps seront en position et presque en contact avec elles.

» Tous les déserteurs sont dirigés sur Chalon, en conformité de vos ordres précédents.

» A mon passage sur la portion du territoire appartenant au roi de Sardaigne, que la détestable ligne de démarcation de notre frontière vis-à-vis Montmélian rend impossible de ne pas traverser en venant de Grenoble à Chambéry (1), les troupes piémontaises ont pris les armes et m'ont rendu les honneurs militaires. Ces troupes devaient, en raison de leur désertion, être remplacées dans la Maurienne et la Tarentaise par des régiments autrichiens ; jusqu'à présent cette opération n'a pas eu lieu (2). »

Si tout était tranquille sur les frontières de Savoie, par contre une certaine agitation régnait sur les rives du Léman. La garnison de Genève, composée de 200 miliciens de la cité, avait été augmentée de 500 Fribourgeois et de 600 Vaudois, et le bruit courait qu'il entrait dans les intentions des Suisses d'occuper militairement le Chablais et de prendre possession de Carouge, selon les décisions du congrès des puissances alliées. Le général Dessaix écrivit au Ministre de la guerre, le 1er mai, pour lui rendre compte de ces faits.

« Toutes ces mesures ne peuvent-elles pas être considérées comme des mouvements hostiles ? écrivait-il dans sa lettre. Lorsque cette réunion de troupes suisses, remplaçant les piémontaises (3), donne à celles-ci le moyen de se concentrer et d'agir d'une manière active, cette oc-

---

(1) La route de Grenoble à Chambéry traversait le territoire nouvellement annexé au Piémont, entre Chapareillan et Saint-Jeoire.

(2) *Mémoires de Grouchy*, tome III, pages 336 et 337. — Voir aussi le maréchal Grouchy au Ministre de la guerre, Chambéry, 27 avril 1815 (A. H. G., *Cent-Jours, Armée des Alpes*).

(3) « Dans le Chablais » sous-entendu.

cupation même du pays par les Suisses n'est-elle pas une
violation s'il s'agit d'en prendre possession ? Si ce n'est
que pour l'occuper provisoirement, il importerait infini-
ment à la sûreté de nos frontières de l'occuper nous-mê-
mes, puisque dans cette circonstance, comme j'ai eu l'honneur de le dire, la présence des Suisses donne aux Piémontais le moyen de se concentrer et d'agir activement (1). »

Pour que cette occupation pût se faire rapidement, il
était de toute urgence de concentrer vers Annecy la 23ᵉ division, qui avait reçu primitivement l'ordre de se rassembler à Chambéry, et, pour que cette concentration pût
se faire à couvert, il était nécessaire qu'elle fût gardée
par des détachements de sûreté poussés jusqu'à la frontière suisse.

Le maréchal Grouchy ne tarda pas à donner des ordres
dans ce sens.

D'après ses instructions, au commencement de mai,
2 compagnies du 49ᵉ et 25 hussards du 4ᵉ, sous le commandement du chef de bataillon d'état-major Bella, prirent
position dans le pays de Gex et établirent des postes
sur les principaux débouchés, à Crassier, Divonne, Sau-
verny, Ecogia et Versoix (2). D'autre part, des détachements de sûreté furent établis à tous les nœuds de
route importants, dans les directions dangereuses : Frangy, Saint-Julien et Cruseilles au nord d'Annecy, Thorens
et Thônes à l'est, Faverges au sud (3). Le gros de la 23ᵉ
division vint s'établir dans les cantonnements suivants :

Rumilly : 53ᵉ de ligne, artillerie et train ;

---

(1) Le général Dessaix au Ministre de la guerre, 1ᵉʳ mai 1815
(A. H. G., *Cent-Jours, Armée des Alpes*).

(2) Le maréchal Grouchy au Ministre de la guerre, Chambéry,
4 mai 1815 (A. H. G., *Cent-Jours, Armée des Alpes*).

(3) Ce nœud de routes, qui était moins directement menacé,
ne fut occupé que dans le courant de juin, quand on apprit qu'un
détachement ennemi s'avançait par la vallée de Beaufort.

Annecy : 67ᵉ de ligne, 18 dragons (1).

Sous la protection de ces postes de couverture, la 23ᵉ division pouvait, dans la suite, se rassembler rapidement et à couvert en avant d'Annecy, pour se porter, selon les circonstances, soit du côté de Genève, soit sur Bonneville.

Quant à la 22ᵉ division, elle fut appelée de Grenoble à Chambéry et reçut l'ordre d'établir des détachements de couverture en avant de cette ville. C'est qu'en effet, de ce côté de la frontière de Savoie comme du côté du Léman, on signalait des mouvements de troupes ennemies.

Le 11 mai, le général Dessaix, qui, après le départ du maréchal Grouchy, exerça par intérim le commandement en chef, écrivait au Ministre de la guerre :

« Du côté du Piémont, les derniers avis reçus annoncent l'arrivée à Turin d'une légion anglo-sicilienne qui aurait l'ordre de se diriger sur le Mont-Cenis... On observe beaucoup de mouvement depuis quelques jours dans les troupes sardes qui se trouvent à Ugines et à l'Hôpital (2). »

Dès son arrivée à Chambéry, la 22ᵉ division envoya deux détachements de sûreté sur la frontière même : le 24ᵉ de ligne, avec un escadron du 10ᵉ chasseurs, fut détaché sur Fort-Barraux et Goncelin, avec mission de surveiller les troupes sardes de Montmélian et de l'Hôpital ; le 14ᵉ de ligne fut dirigé sur le Châtelard et Lescheraines, à la jonction des chemins allant de Chambéry à Annecy et de Saint-Pierre-d'Albigny à Annecy. De sa position, ce régiment menaçait le flanc droit des colonnes ennemies qui, descendant de la Maurienne et de la Tarentaise, es-

---

(1) Le 42ᵉ de ligne, qui venait d'Orgon, en Provence, n'avait pas encore rejoint.

(2) Le général Dessaix au Ministre de la guerre, Chambéry, 11 mai 1815 (A. H. G., *Cent-Jours, Armée des Alpes*).

sayeraient de se porter sur Montmélian. Il s'opposait directement à la marche d'un parti ennemi qui, ayant gagné Saint-Pierre-d'Albigny, tenterait de se porter sur Annecy par le col du Frêne et Leschaux ou sur Chambéry par les cols des Près et de Planpalais. Il permettait éventuellement au gros de la 22e division, qui occupait Chambéry, de manœuvrer offensivement contre Montmélian et Conflans, que l'on savait tenues par les troupes sardes.

Un peu plus tard (1), la division Maransin (7e division de réserve), qui avait environ 2.500 hommes réunis, reçut l'ordre de venir occuper la position de Châtillon-de-Michaille, pour couvrir Lyon sur la rive droite du Rhône.

Cette division détacha des postes à Gex et au village des Rousses, et établit sa liaison avec le corps de Lecourbe, qui défendait la frontière du Jura plus au nord.

En résumé, au commencement de juin, les troupes du 7e corps étaient réparties comme il suit (2) :

QUARTIER GÉNÉRAL A CHAMBÉRY

22e DIVISION : quartier général à Chambéry.

Brigade Mesclop : quartier général à Chambéry.

7e régiment de ligne..... 3 bataillons..... Chambéry.

14e — — .....{ 1er bataillon ... Le Châtelard.
{ 2e — ... Ecole et la Compôte.

Brigade Bouvart : quartier général à Aix-les-Bains.

20e régiment de ligne..... 3 bataillons.... Aix-les-Bains.

24e — — .....{ 1er bataillon.... Barraux et Goncelin.
{ 2e — ... Chapareillan.

23e DIVISION : quartier général à Chambéry.

Brigade X... : quartier général à Rumilly.

67e régiment de ligne.....{ 1er bataillon.... Annecy.
{ 2e — ... Thorens et Thônes.

---

(1) En exécution des instructions adressées, le 7 juin, au maréchal Suchet.

(2) Situation des troupes composant l'armée des Alpes le 1er juin 1815 (A. H. G., 1815, Situations).

Brigade Revest : quartier général à Annecy.

42e régiment de ligne..... { 1er bataillon.... Annecy.
2e — ... Faverges.

53e — — .... { 1er bataillon.... Frangy.
2e — ... Rumilly.

CAVALERIE

Brigade Meyer : quartier général à Chambéry.

10e régiment de chasseurs. { 1er escadron... Chambéry et La Motte.
2e — ... Bissy.
3e — ... Le Touvet.

18e régiment de dragons.. 3 escadrons.... { Annecy (avec détachements à Rumilly, Albens, Aix, Frangy et dans le pays de Gex.

GÉNIE

3e régiment .... 2e et 3e comp^{ies} Chambéry.

ARTILLERIE

4e régiment d'art. à pied. { 2 compagnies.. Chambéry.
1 — .. Annecy.
1 — .. Rumilly.

7e escadron du train d'art. { 2 compagnies.. Chambéry.
2 — .. Annecy.
1 — .. Rumilly.

5e DIVISION DE RÉSERVE (GARDE NATIONALE) : quartier général à Grenoble.

Brigade Soulier : quartier général à Barraux.

6 bataillons de l'Isère.................... Barraux.

6e DIVISION DE RÉSERVE : quartier général à Valence.

Brigade Gay.

7 bataillons (Isère et Drôme)............. Valence.

Brigade X...

2 bataillons (Drôme et Hautes-Alpes)...... Valence.

7e DIVISION DE RÉSERVE : quartier général à Lyon.

Brigade X...

5 bataillons (Rhône et Loire)............. Lyon.

12 *bataillons de garde nationale*... { Briançon........ 5
Fort-Barraux ... 1
Grenoble........ 2
Sisteron........ 1
Mont-Dauphin... 2
Embrun-Queyras 1

Les flancs du système de couverture étaient appuyés :

au nord, aux ouvrages des Rousses et à Fort-l'Écluse ; au sud, à Fort-Barraux et à la place de Grenoble.

Les ouvrages de la Grotte-des-Échelles et le fort de Pierre-Châtel, qui commandaient les routes principales de retraite sur Lyon, assuraient à la couverture un repli en arrière.

La place de Lyon formait le réduit central du système. Elle devait être remise en état suivant les prescriptions de l'Empereur en date des 2 mai, 9 mai, 20 mai et 6 juin (1).

Les 5e et 6e divisions de réserve s'organisaient dans les mailles de ce réseau. La brigade Soulier, de la 5e division, organisée la première, fut, dès le début des opérations, dirigée sur Annecy pour y renforcer la division Dessaix qui ne comprenait que 3 faibles régiments. Un peu plus tard, la 6e division (6 bataillons), dirigée sur Aiguebelette et Novalaise, fut chargée de mettre en état de défense les passages de l'Épine et du Mont-du-Chat.

e) **Composition de l'armée austro-sarde.**

CORPS D'OCCUPATION SARDE EN SAVOIE (effectif : 3.200 hommes environ, en y comprenant une compagnie de canonniers servant 4 pièces).

Au milieu de juin, le corps d'occupation sarde en Savoie, commandé par le général comte de Robilant (2), avait la composition ci-après :

______

(1) Voir *Correspondance de Napoléon*, tome XXVIII, pages 153, 166, 208, 257.

(2) Le comte de Robilant, ayant été nommé chef d'état-major du contingent piémontais, fut remplacé le 13 juin, à la tête du corps d'occupation en Savoie, par le général comte Andezeno qui établit son quartier général au bourg de l'Hôpital (Relation du comte de Villette-Chivron).

Un bataillon de chasseurs italiens, stationné à Montmélian et Saint-Pierre-d'Albigny ;

Régiment de Savoie, stationné à Aiguebelle et Maltaverne ;

Régiment de Piémont, stationné à Conflans et l'Hôpital

Régiment de Montferrat, stationné à Thonon et Evian.

CORPS PIÉMONTAIS DU GÉNÉRAL DE LA TOUR

(effectif : 12.000 hommes environ) :

Quartier général : Turin.

Son avant-garde, commandée par le général Giflenga, était entre Avigliana et Bussolino. Le gros cantonnait entre Rivoli et Saint-Ambroise.

Ce corps devait suivre le corps d'armée autrichien du feld-maréchal lieutenant comte Bubna (1).

ARMÉE AUTRICHIENNE DE LA HAUTE-ITALIE

(effectif : 48.000 hommes environ).

Cette armée comprenait deux corps et une réserve.

Son quartier général était à Novare.

Le 1er corps d'armée, suivi du corps de réserve, devait marcher sur le Valais par le Simplon, puis se porter sur Genève et Lyon. Le 18 juin, son avant-garde était à Vaprio et Borgomanero.

Le 2e corps avait son quartier général à Verceil. Il devait pénétrer en France par la Savoie. Au milieu de juin son avant-garde était à Chivasso (2).

---

(1) Relation du comte de Villette-Chivron. Cet officier porte l'effectif de ce corps à 18.000 hommes. Damitz, dans son livre sur *La Campagne de 1815*, publié en 1838, indique le même effectif. Von Plotho, dont l'ouvrage, *La Guerre de l'Europe alliée, contre la France, pendant l'année 1815*, a paru en 1818, c'est-à-dire très peu de temps après la campagne, écrit que l'effectif de ce corps était de 12.000 hommes, et que l'armée de la Haute-Italie comprenait en tout 60.000 hommes.

(2) Relation du comte de Villette-Chivron.

Composition. — Commandant en chef : le général de cavalerie baron Frimont.

Chef d'état-major : le général-major comte de Fiquelmont.

Quartier-maître général : le colonel baron Kudelka.
Intendant général : le comte Wurmser.

1er *corps d'armée commandé par le feld-maréchal lieutenant Radivojevich.*

Division légère du feld-maréchal lieutenant comte Creenville (1).

Général-major Bogdan.

- Bataillon de chasseurs n° 7 (colonel Veider).
- Bataillon de chasseurs n° 9 (commandant Werdt).
- Régiment de Valachie et d'Illyrie n° 13 (colonel Földwary).
- Régiment de chevau-légers d'Oreilly n° 3 (colonel comte Auersberg).
- Régiment de chevau-légers de Rosenberg n° 6 (colonel von Gasser).
- Une batterie légère.

Une division.........

Général-major Pflüger.

- Régiment d'infanterie grand-duc de Toscane n° 7 (colonel Dumondant).
- Régiment d'infanterie archiduc Louis n° 8 (colonel Gieslingen).
- Une brigade d'artillerie.

---

(1) Ce nom est orthographié Crenneville dans les documents français.

Général-major Fölseis. {
Régiment d'infanterie de Beaulieu n° 58 (colonel comte Kinsky).
Régiment d'infanterie duc de Wurtemberg n° 40 (colonel Vauthier).
Une brigade d'artillerie.

2ᵉ corps d'armée commandé par le feld-maréchal lieutenant comte Bubna (1).

La division légère.........

Général-major Brettschneider {
Régiment de Warasdin n° 5 (colonel Katzin).
2ᵉ régiment d'infanterie de Valachie n° 17 (colonel Kreitter).
1ᵉʳ régiment d'infanterie Szekler n° 14 (colonel Nowak).
Régiment de dragons Knesevich n° 3 (colonel Olah).
Régiment de uhlans Schwarzenberg n° 2 (colonel baron Mengen).
Une batterie légère.

Une division.........

Général-major Trenk {
Régiment d'infanterie Esterhazy n° 32 (colonel Vizakna).
Régiment d'infanterie Duca n° 39 (colonel Schuller).

Général-major Klopfstein. {
Régiment d'infanterie Kutschera n° 28 (colonel Hauger).
Régiment d'infanterie Kerpen n° 49 (colonel Obrien).
Deux brigades d'artillerie.

---

(1) La composition de ce corps fut modifiée au cours de la campagne.

Corps de réserve commandé par le feld-maréchal lieutenant Meerville.

Chef de l'état-major : le lieutenant-colonel Wirker, des pionniers.

Commandant de l'artillerie : le colonel Blumenfeld.

Division légère commandée par le feld-maréchal-lieutenant comte Ignace-Hardegg.

Bataillon de Bannats allemands n° 12 (colonel Bentschek).

2ᵉ régiment d'infanterie Szekler n° 15 (colonel Betzmann).

Régiment de hussards de Hesse-Hombourg n° 4 (colonel Simony).

Régiment de dragons Riesch n° 6 (colonel Wangen).

Une batterie légère.

Une division.........

Général-major Mumb.

Régiment d'infanterie Deutschmeister n° 4 (colonel Erdmann).
Régiment d'infanterie Wimpfen n° 13 (colonel de Libois).
Régiment d'infanterie de Nassau-Usingen (autrefois Cobourg) n° 22 (colonel Odelga).

Général-major Hecht.

Régiment d'infanterie Meerville n° 33 (colonel von Drohm).
Régiment d'infanterie Prohaska n° 38 (colonel Schreibers).
Régiment d'infanterie Paar n° 43 (colonel Businelly).

Deux brigades d'artillerie.

Bataillon de landwehr Kerpen (lieutenant-colonel comte Hoyer).

Bataillon de landwehr de l'archiduc Louis (lieutenant-colonel Kollowrath).

Réserve de cavalerie du feld-maréchal-lieutenant comte Kinsky.

Régiment de hussards Frimont n° 9 (colonel Callot).

Régiment de hussards Szekler n° 11 colonel Fikweiler).

Régiment de uhlans empereur François n° 4 (colonel Poradewsky).

Régiment de chevau-légers Nostiz n° 7 (colonel Alberti) (1).

f) Position assignée au corps d'observation des Alpes.

Le corps d'observation des Alpes avait à jouer un rôle purement défensif. Il s'agissait pour lui d'arrêter, puis de contenir les forces ennemies qui tenteraient d'envahir la Savoie et le pays de Genève et de les empêcher de parvenir jusqu'à Lyon, pendant que la partie décisive se jouerait dans le nord de la France.

Le commandant de ce corps avait donc à faire choix d'une position initiale de défense, d'un premier barrage où il pourrait tenir en échec les têtes de colonnes ennemies. Il pouvait soit se poster aux débouchés des vallées alpestres (Maurienne, Tarentaise, vallée de l'Arve), soit venir s'établir à la tête de ces vallées, c'est-à-dire sur la

---

(1) État annexé à l'ouvrage de von Plotho, supplément XV.

chaîne maîtresse. L'extrait cité ci-dessous d'une lettre adressée par le Ministre de la guerre au maréchal Suchet témoigne que l'Empereur pensa d'abord à porter le 7e corps jusqu'aux têtes de vallées.

« Il serait possible, écrivait le Ministre le 23 mai, lorsque vous serez parfaitement en mesure, c'est-à-dire vers le 5 juin prochain, que l'Empereur vous donnât ordre de vous emparer du Mont-Cenis ; préparez-vous-y, en observant toutefois la plus grande discrétion sur cette opération (1). »

Au commencement de juin, ce projet était abandonné et les instructions de l'Empereur, transmises le 7 juin au maréchal Suchet, ne visaient plus que l'occupation d'une position au débouché des vallées.

Ces instructions étaient les suivantes :

« L'intention de l'Empereur est qu'au 10 de ce mois Votre Excellence ait commencé à former un camp entre Genève et Lyon, dans le double but de couvrir la ville de Lyon du côté de la Suisse et, en même temps, de menacer la Suisse de ce côté. Ce camp, qui appuiera la droite du corps d'observation du Jura, commandé par le lieutenant-général Lecourbe, doit être composé des bataillons d'élite que fournit la 19e division militaire et qui composent la 7e division de garde nationale mobile..... Vous ordonnerez de faire partir de Lyon les bataillons d'élite de la 19e division militaire et de les diriger sur la position que vous aurez choisie pour l'établissement du camp..... Donnez des instructions au général Maransin, recommandez-lui de porter une avant-garde tout à fait sur la frontière de la Suisse et prescrivez-lui de faire ses dispositions de manière que la présence de son camp fixe déjà une base pour la défense de toute la frontière du Jura.

-----

(1) Le Ministre de la guerre au maréchal duc d'Albuféra, 23 mai 1815 (A. H. G.).

» L'Empereur pense, Monsieur le Maréchal, qu'il serait également nécessaire que, du 10 au 15 juin, vous ayez les troupes de l'armée des Alpes réunies en avant de Chambéry et que vous fassiez retrancher la position de Montmélian, qui paraît être la plus avantageuse.....

» Sa Majesté considère qu'en occupant une position couverte de retranchements et bien appuyée sur vos flancs, dans laquelle vous pourriez encore appeler la 7e division de garde nationale dans le cas où vous n'auriez rien à craindre de la Suisse, vous devez être en état de braver l'effort des Autrichiens, dont l'infanterie est fort médiocre et que même, en dirigeant de Briançon par les montagnes une division de gardes nationaux et de garnisons, vous pourriez inquiéter toutes les vallées jusqu'au Mont-Cenis (1). »

Il n'est pas téméraire de penser que la cause qui détermina l'Empereur à abandonner le projet primitif de l'occupation de la chaîne maîtresse, qui impliquait l'obligation d'une offensive particlle en Savoie, fut la situation précaire de l'armée des Alpes au commencement de juin. Cette situation avait été dépeinte sous les couleurs les plus sombres par le maréchal Suchet qui vint prendre possession de son commandement le 25 mai et passa, au commencement de juin, l'inspection des troupes placées sous ses ordres. La correspondance du maréchal, au sujet de l'état pitoyable de son armée, n'est qu'un long cri de détresse. Loin de partager la confiance enthousiaste du général Dessaix qui, dans le courant d'avril, voulait prendre l'offensive avec un corps de 8.000 à 10.000 hommes (2), le commandant de l'armée des Alpes se montre

---

(1) Le Ministre de la guerre au maréchal duc d'Albuféra, 7 juin 1815 (A. H. G.).

(2) Dès le 14 avril, Dessaix proposait au Ministre de la guerre d'envahir la Savoie. « 8.000 à 10.000 hommes, écrivait-il, suffiraient pour rendre tout ce pays à la liberté et le réunir de

très circonspect et manifeste à tout propos son inquiétude sur l'état matériel de son armée. La lettre suivante, qu'il écrivait au Ministre de la guerre dans les premiers jours de juin, montre assez son anxiété :

« Ainsi, sous quelques jours, la petite armée des Alpes aura à lutter, avec 8.000 hommes de ligne et 4.000 gardes nationales, contre les armées autrichienne, suisse et piémontaise. Je conjure Votre Excellence de faire connaître à Sa Majesté la véritable position des choses. Sans un secours positif et prompt de 20.000 hommes, devenu indispensable aujourd'hui, il serait insensé de prétendre arrêter longtemps les coalisés, et empêcher également l'intéressante ville de Lyon de tomber au pouvoir de l'ennemi. Cette perte aurait une influence d'autant plus fâcheuse dans le Midi de la France, que les ennemis publient hautement l'intention où ils sont de la saccager et de la brûler.

» Soit pusillanimité, soit insuffisance de moyens, les préfets n'ont presque rien fait pour l'habillement et l'équipement des gardes nationales. Je presse, je menace, j'écris tous les jours : ils se renferment dans les formes administratives, me font de belles phrases, et rien n'avance.

» Je pense que, pour habiller les gardes nationales et nos troupes, le moment est venu de prendre un parti décisif et des moyens extraordinaires : tout retard est fatal.

---

nouveau à la France..... Si une force armée se portait au Mont-Genèvre, et que quelques soldats se fissent apercevoir au passage du Galibier, qui, de Briançon, vient aboutir à Saint-Michel-en-Maurienne, je ne doute point que cette manœuvre n'entraînât la défection totale des troupes piémontaises qui sont en Savoie et qui craindraient avec raison de se voir coupées. »

Le 25 avril, il écrivait à nouveau : On assure « que si quelques troupes françaises paraissaient seulement sur les sommités des Alpes soit au Mont-Cenis, au Mont-Genèvre ou le Simplon, de suite le drapeau français verrait accourir sous son ombre tous les amis de la patrie, tous les soldats de l'Empereur..... Ne nous conviendrait-il pas d'occuper le plus tôt possible les hauteurs des Alpes ? » (A. H. G., *Cent-Jours, Armée des Alpes*).

» Les prêtres et les nobles deviennent tous les jours plus entreprenants et, sans des mesures de répression promptes et sévères, ils serviront de puissants auxiliaires à nos ennemis (1). »

Il semble d'ailleurs que, pendant tout le cours de la campagne, le maréchal soit resté hypnotisé par son infériorité numérique, bien que, cependant, l'état moral de son armée, tout au moins de ses troupes de ligne, fût excellent. Nous verrons que les succès que remportèrent les 22e et 23e divisions en Maurienne, en Tarentaise et dans le Chablais ne l'incitèrent point à réaliser la conception primitive de l'Empereur, l'occupation de la crête frontière actuelle.

Le 22 juin, jour où le maréchal apprenait le résultat de la bataille de Ligny, il arrêtait ses têtes de colonne à Saint-Mihiel, Moutiers, Bonneville et Thonon, et écrivait à Dessaix, qui lui demandait quelques renforts, « qu'il était obligé de se tenir sur la défensive et qu'au surplus les bonnes nouvelles arrivées de Belgique faisaient espérer une paix prochaine (2) ».

g) Premiers mouvements des Austro-Sardes.

D'après le plan arrêté à Milan, l'armée alliée de la Haute-Italie devait se porter le plus rapidement possible sur Lyon par deux voies principales d'invasion : le Simplon, le Valais, les rives du Léman et la vallée du Rhône, d'une part ; la Maurienne et la route des Echelles, d'autre part. Dans le but de tromper le maréchal Suchet sur ses véritables intentions, le feld-maréchal Frimont porta tout d'abord son armée sur Novare, esquissant ainsi une

---

(1) Le maréchal duc d'Albuféra au Ministre de la guerre, Chambéry, 7 juin 1815 (A. H. G.).
(2) *Le Général Dessaix, loc. cit.*, page 401.

marche directe du gros de ses troupes sur le Mont-Cenis et le Mont-Genèvre, puis, faisant tête de colonnes à droite, il se dirigea à marches forcées sur le Simplon, où son avant-garde arrivait le 22 juin. Il avait détaché sur sa gauche deux petites colonnes, qui s'étaient dirigées : l'une sur le Petit Saint-Bernard (colonne Trenck : 1 régiment hongrois, 1 batterie, 100 hussards et quelques Croates), et qui devait rejoindre les troupes du général Andezeno ; l'autre sur le Grand Saint-Bernard (3 bataillons du régiment d'Esterhazy), qui avait ordre de coopérer à la prise du défilé de Saint-Maurice. Dans le même temps, le général comte de Bubna marchait de Verceil sur le Mont-Cenis, suivi à courte distance par les Piémontais du général de la Tour (1).

____

(1) Relation militaire du comte de Villette-Chivron, pages 30 et suivantes.

CHAPITRE II

LES PREMIÈRES OPÉRATIONS. — LE 7ᵉ CORPS REPOUSSE LE CORPS D'OCCUPATION SARDE EN SAVOIE

(Carte n° 2.)

---

a) Opérations de la 22ᵉ division.

Combats de Montmélian, Maltaverne et Aiguebelle.

Dès l'instant que le maréchal Suchet apprit que Genève délibérait sur la neutralité et que les Autrichiens avaient franchi le Simplon, il ordonna au général Maransin, qui commandait la 7ᵉ division des gardes nationales, de s'établir à Châtillon-de-Michaille avec deux bataillons et d'envoyer à Versoix trois compagnies de grenadiers et une compagnie de dragons. En même temps, le général Dessaix fit porter le 53ᵉ, un escadron de dragons et six bouches à feu à Saint-Julien, sur la route de Genève. Ces mouvements provoquèrent quelques désertions dans les rangs des Piémontais et déterminèrent les troupes ennemies, qui se trouvaient dans le Chablais, à se retirer dans les montagnes (1).

L'ordre d'entrer en campagne fut adressé le 11 juin, par le Ministre de la guerre, au maréchal Suchet en exécution des instructions de l'Empereur, ainsi conçues :

---

(1) Le maréchal duc d'Albuféra au Ministre de la guerre, Chambéry, 10 juin 1815.

« Mon Cousin, vous ferez connaître, par estafette et par
le télégraphe, au maréchal Suchet, que les hostilités com-

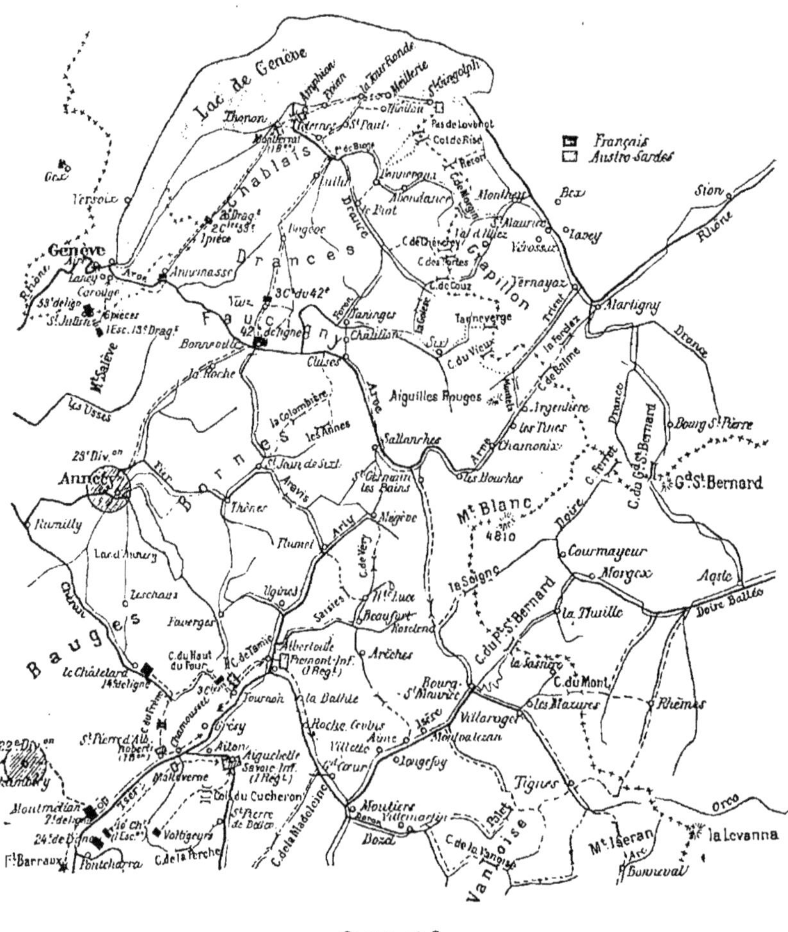

CARTE N° 2.

Débuts de la campagne. — Offensive française en Savoie et dans
le Chablais, du 14 au 20 juin.

menceront le 14 et que, de ce jour, il peut s'emparer de
Montmélian. S'il est indispensable qu'il le fasse avant ce
temps, à cause des mouvements de l'ennemi, il y est

autorisé. Cependant il serait à désirer qu'il ne le fît pas avant le 15 (1). »

Le maréchal mit ses troupes en mouvement dans la nuit du 14 au 15.

Le général Mesclop, avec les 7e et 24e de ligne et un escadron du 10e chasseurs, avait reçu la mission de tourner les positions de Montmélian et d'Aiguebelle et d'empêcher la destruction des ponts situés près de ces localités. Dans ce but il prit, le 14 au soir, les dispositions suivantes :

Pendant qu'il dirigeait 2 bataillons du 7e de ligne directement sur Montmélian par la grand'route ; l'escadron de chasseurs, suivi du 24e de ligne et d'un bataillon du 7e, sur Maltaverne et Aiguebelle par la ligne des hauteurs entre le Gélon et l'Isère ; il acheminait 300 voltigeurs de ces deux régiments sur le col du Cucheron, par la haute vallée du Gélon.

L'avant-garde du 7e de ligne se heurta, vers 1 heure du matin, à une compagnie de chasseurs italiens postée au château de Montmélian. Après une fusillade très vive, cette compagnie battit en retraite sur Saint-Pierre-d'Albigny, où se trouvait le bataillon dont elle faisait partie, et le 7e de ligne occupa Montmélian.

Sur la rive gauche de l'Isère, l'escadron rencontra, au carrefour de Maltaverne, un détachement du régiment de Savoie, qu'il chargea à différentes reprises et fit presque tout entier prisonnier. Continuant sa route, cet escadron, suivi par l'infanterie, fut arrêté à l'entrée d'Aiguebelle par le feu des postes du régiment de Savoie, qui était cantonné dans la localité. Dès que les voltigeurs descendus du col de Cucheron eurent fait leur apparition dans la vallée de la Maurienne, les grenadiers du 24e de ligne, appuyés par une charge de chasseurs, se précipitèrent baïon-

---

(1) *Correspondance de Napoléon*, tome XXVIII, page 272.

nettes croisées dans le village d'Aiguebelle. Le régiment de Savoie, qui n'avait pas eu le temps de gagner le pont qui assurait sa retraite, se voyant coupé et pris entre deux feux, se rendit alors à discrétion (1).

Combats de Saint-Pierre-d'Albigny, Gilly et Conflans.

De son côté, le 14e de ligne, posté au Châtelard, avait reçu l'ordre de descendre dans la combe de Savoie par Saint-Pierre-d'Albigny et de venir s'emparer de Conflans-l'Hôpital.

Saint-Pierre-d'Albigny était occupé par un parti de chasseurs italiens, qui détachait lui-même un poste de 50 hommes au col du Frêne. Le colonel Bugeaud, qui commandait le 14e de ligne, quitta le Châtelard dans la soirée du 14 juin. En cours de route, il détacha sur sa gauche trois compagnies commandées par le chef de bataillon Lacroix, qui avait mission de se porter sur le col du Haut-du-Four (2), de descendre ensuite dans la vallée de l'Isère et d'y choisir, entre Tournon et Saint-Pierre-d'Albigny, une position d'où il pourrait intercepter la ligne de retraite des chasseurs Roberti, que le gros du 14e devait attaquer de front.

L'avant-garde du colonel Bugeaud arriva en vue du col du Frêne vers 2 heures du matin. Elle chercha à surprendre et à envelopper le poste italien du col, mais n'y réussit pas. Le poste fit feu et rétrograda en hâte sur Saint-Pierre-d'Albigny par les raidillons, suivi à la course par les volti-

____

(1) Renseignements extraits d'un rapport du maréchal Suchet adressé au Ministre de la guerre le 16 juin 1815 (A. H. G., *Les Cent-Jours, Armée des Alpes*) et de l'ouvrage intitulé *Le Général Dessaix*.

(2) Le sentier qui conduit au col avait été reconnu, par le colonel Bugeaud, au cours d'une partie de chasse. (Note du maréchal annexée à ses Instructions générales sur le service des avant-postes. — Voir *Œuvres militaires du maréchal Bugeaud*, page 104.)

geurs du 14ᵉ, qui y arrivèrent en même temps que lui. Les chasseurs Roberti y prenaient les armes en tumulte. A la vue des voltigeurs, ils s'enfuirent dans la direction de Tournon, où ils tombèrent dans l'embuscade du commandant Lacroix, qui les fit tous prisonniers (1).

Le reste du bataillon Roberti, stationné à l'Hôpital, avait pris les armes le matin même et s'était porté dans la direction de Saint-Pierre-d'Albigny, pour y recueillir le poste stationné dans cette localité. En cours de route il prit contact, à hauteur de Tournon, avec le 14ᵉ de ligne, qui venait de remporter le succès que l'on sait. Après un combat assez vif, les chasseurs durent rétrograder sur Gilly, où ils essayèrent vainement de résister à nouveau. Ils battirent ensuite en retraite sur l'Hôpital, où ils rejoignirent le régiment de Piémont. Le général Andezeno sollicita un armistice qui lui fut accordé. Aux termes de la convention qui venait d'être conclue, le bourg de l'Hôpital devait être occupé par les Français à 10 heures du matin et Conflans à 3 heures du soir. Le général sarde eut le temps de faire évacuer tous ses blessés et de sauver son matériel.

Le président du Sénat de Savoie et l'intendant général, qui siégeaient à Conflans, devenue capitale depuis le 30 mai 1814, quittèrent la ville emportant avec eux leurs archives et leurs caisses. Le général Andezeno rétrograda sur Moutiers en laissant une arrière-garde à la Roche-Cevins.

Dans les divers combats, livrés pendant cette journée,

---

(1) *Le Maréchal Bugeaud*, par le comte H. d'Ideville, page 159. Il semble, à lire le récit fait par l'auteur, que le bataillon Roberti tout entier se trouvait à Saint-Pierre-d'Albigny. Il ressort de la relation du comte de Villette-Chivron, qu'une partie seulement de ce corps se trouvait dans la localité. Le reste était à Conflans.

les pertes des Français avaient été de 9 tués et de 13 blessés. L'ennemi, de son côté, avait perdu une centaine de tués ou blessés, 634 prisonniers, dont 32 officiers, parmi lesquels 1 colonel et 1 major (1).

De tels résultats ne pouvaient être obtenus que par des chefs connaissant parfaitement la montagne et par des troupes habituées à y marcher et à y combattre.

« Tout le mouvement, écrivait le maréchal Suchet, dans un pays difficile et montueux, a été exécuté avec intelligence, tous les ponts enlevés et conservés ; à chaque rencontre, c'est toujours aux cris de « Vive l'Empereur ! » que les troupes ont marché sur l'ennemi : l'ardeur et l'enthousiasme du soldat sont au-dessus de toute expression (1). »

Bien qu'il ne rentre pas dans le cadre de cette étude de reproduire les commentaires suggérés au maréchal Bugeaud par le souvenir des événements que nous venons de relater, nous croyons toutefois devoir citer *in extenso* le passage suivant extrait de ses œuvres qui est tout entier à retenir :

« Pour éviter de semblables catastrophes, écrit-il à propos du combat de Saint-Pierre-d'Albigny, le chef d'un détachement, en arrivant au lieu où il doit s'établir pour plusieurs jours..... s'occupera de reconnaître le terrain à l'entour sur un rayon d'une ou deux lieues. Il prendra avec lui quelques cavaliers et quelques habitants des plus intelligents. Il s'informera de la direction de tous les chemins et sentiers qu'il rencontrera en faisant son cercle, ainsi que de la configuration du terrain à quelques lieues en avant. Chemin faisant, il questionnera les guides sur tous les objets qu'embrasse la statistique et prendra des notes sur tout. Il reconnaîtra plus particulièrement les che-

____

(1) Rapport du maréchal Suchet au Ministre de la guerre, Montmélian, 16 juin 1815 (A. H. G.).

mins par lesquels on peut arriver sur ses derrières. Cette reconnaissance terminée, il se mettra, dans la pensée, à la place de son ennemi, et jugera, d'après la forme du terrain et la direction des chemins, quel serait le cercle qu'on pourrait faire décrire aux corps tournants pour envelopper son poste, sans être reconnu des avant-postes. J'appelle ce cercle, cercle supposé. C'est en dehors de cette ligne qu'il faut pousser, la nuit seulement, des petits postes, tirés du cercle de jour, afin de ne pas augmenter trop les hommes de service et ne pas éparpiller trop de monde. Ces postes seront sans feu et ambulants, etc. (1). »

La 22ᵉ division prend position à Aiguebelle et Conflans, ses troupes avancées occupent Moutiers et Saint-Jean-de-Maurienne.

Les succès remportés par la 22ᵉ division (2) la rendaient maîtresse des débouchés de la Maurienne et de la Tarentaise. Elle n'avait devant elle qu'un bataillon du régiment d'Yvrée, qui occupait Saint-Michel-de-Maurienne, et les débris du régiment de Piémont, qui s'étaient retirés sur Moutiers et Bourg-Saint-Maurice, en Tarentaise.

Le 15, elle occupait Aiguebelle et Conflans et s'immobilisait sur ces positions, laissant à de faibles détachements le soin de poursuivre l'ennemi en retraite. Le 17, un détachement du 14ᵉ de ligne (deux compagnies de grenadiers et une compagnie de voltigeurs), remontant la vallée de l'Isère, fit rétrograder la compagnie piémontaise laissée en observation à la Roche-Cevins.

Le 22 au soir, le colonel Bugeaud, à la tête d'une partie du même détachement, se porta directement sur Moutiers, où stationnait la compagnie piémontaise. Dans le même

---

(1) *Œuvres militaires du maréchal Bugeaud, duc d'Isly : Instruction générale sur le service des avant-postes*, page 105.
(2) Le général de division Curial fut désigné, le 17 juin, pour en prendre le commandement.

temps, l'autre partie de son détachement se dirigeait sur les derrières de cette localité par les hauteurs de la rive droite de l'Isère. Attaquée de front au point du jour, la compagnie piémontaise battit précipitamment en retraite par la route de Bourg-Saint-Maurice et vint bientôt donner dans le détachement tournant qui, par d' « affreux » chemins de montagne, avait atteint la grande route.

Le capitaine de la compagnie piémontaise se voyait contraint, ou bien de se rendre à discrétion, ou bien de tenter le passage de l'Isère sous les balles françaises, pour tâcher de gagner Montfort, Notre-Dame-des-Prés et Bourg-Saint-Maurice. Il prit ce parti héroïque, mais sa compagnie, poursuivie par un groupe de grenadiers sans sacs commandés par le capitaine Lecomte, fut faite presque tout entière prisonnière. Elle perdit en outre 12 tués et une dizaine de blessés, parmi lesquels le capitaine et le lieutenant. C'est à peine si quelques hommes réussirent à s'échapper à travers les rochers et à rejoindre Bourg-Saint-Maurice (1). Le détachement du 14ᵉ ne dépassa pas Moutiers dans sa poursuite.

Entre temps, un bataillon du régiment de Montferrat, appelé en toute hâte du Chablais, était arrivé à Bourg-Saint-Maurice, après avoir traversé le col du Bonhomme.

En Maurienne, un faible détachement parti d'Aiguebelle était venu occuper Saint-Jean sans coup férir.

Le bataillon du régiment d'Yvrée, qui occupait Saint-Michel, s'était empressé de se retirer sur le Mont-Cenis.

-----

(1) Armée des Alpes, ordre général nᵒ 37, Chambéry, 25 juin 1815; Rapport du maréchal Suchet au Ministre de la guerre, Chambéry, 26 juin 1815 (A. H. G.) — *Œuvres militaires du maréchal Bugeaud : Réflexions et Souvenirs militaires*, page 352. — Le maréchal écrit que le détachement piémontais mit bas les armes. Il ressort de la relation du comte de Villette-Chivron que le capitaine Borio, qui commandait ce détachement, réussit à s'échapper avec une partie de ses hommes.

En Savoie, comme dans le Chablais, les habitants avaient favorablement accueilli les troupes françaises. Le maréchal Suchet écrivait au Ministre de la guerre, le 20 juin :

« Nos troupes ont occupé Moutiers et Saint-Jean-de-Maurienne. J'ai la satisfaction d'apprendre à Votre Excellence que les habitants ont montré beaucoup de plaisir de se trouver de nouveau sous le gouvernement de l'Empereur. .... Je ne laisse pas de repos aux préfets pour obtenir de quoi couvrir nos gardes nationales; mais les prêtres et les nobles nous contrarient avec persévérance. Il importe que le gouvernement prenne incessamment des dispositions répressives pour les empêcher de servir avec autant de ferveur les étrangers (1). »

b) **Opérations de la 23° division.**

Combat du pont de la Dranse et de Meillerie.

Dès le 9, le général Dessaix avait poussé sur Saint-Julien une forte avant-garde, 53° de ligne, un escadron de dragons, six bouches à feu. Le 15, ce général fit occuper par quatre bataillons la rive gauche de l'Arve et se porta sur Carouge, qui était occupé par un parti piémontais. A l'approche des troupes françaises, les Piémontais s'empressèrent de passer sur la rive droite de l'Arve en détruisant les ponts et bacs sur la rivière. Les Français prirent possession de Carouge, aux acclamations des habitants. Dans la nuit du 16 au 17, le général Dessaix se rendit à Etrembières, y fit rétablir le pont détruit par les

---

(1) Le maréchal Suchet au Ministre de la guerre, Montmélian, 20 juin 1815 (A. H. G., *Cent-Jours, Armée des Alpes*).

Piémontais et porta son quartier général à Annemasse, sur la rive droite.

Le général Montfalcon (1) avait reçu, le 16, l'ordre de venir prendre position à Bonneville, et d'occuper le pont sur l'Arve, ce qui fut fait sans coup férir.

Les instructions adressées par le maréchal Suchet au général Dessaix lui prescrivaient de chasser les Piémontais du Chablais, de reconnaître les mouvements des Autrichiens, que l'on assurait accourir à marches forcées par le Valais, et de se retirer ensuite sur les lignes (2). Dans la journée du 20, le général Dessaix prit ses dispositions pour repousser et envelopper si possible le seul bataillon piémontais qui stationnait à Thonon (3).

A cet effet, il ordonna aux voltigeurs du 42ᵉ de se porter, le 20 au soir, de Bonneville sur Lullin, en passant par Viuz et Bogève. Le 21 à l'aube, ce détachement devait poursuivre sa marche et se porter sur Lugrin et la Tour-Ronde en passant par le pont de Bioge et le plateau de Féternes. Leur mission était de tourner le bataillon piémontais qui occupait Thonon et de lui couper la retraite, pendant qu'un autre détachement composé de deux compagnies d'élite (voltigeurs et grenadiers) du 53ᵉ de ligne, 20 dragons (4) et une bouche à feu, parti d'Annemasse le 20 au soir, viendrait l'attaquer de front. Le colonel Bochaton, qui commandait ce dernier détachement, atteignit Thonon le 21, à 7 h. 1/2 du matin. Il trouva la ville évacuée ; le bataillon piémontais s'était retiré sur Evian, en

---

(1) Appelé provisoirement au commandement de la 2ᵉ brigade de la 23ᵉ division, en remplacement du général Revest, et remplacé à la 1ʳᵉ brigade par le général Meynadier (Ordre du jour n° 30, Chambéry, 17 juin 1815, *Armée des Alpes*).

(2) Rapport du maréchal Suchet au Ministre de la guerre, daté du 20 juin 1815 (A. H. G., *Cent-Jours*).

(3) Un bataillon du régiment de Montferrat (l'autre bataillon avait été dirigé sur la Tarentaise par le col du Bonhomme).

(4) 50, d'après l'*Historique du 42ᵉ régiment d'infanterie*, p. 142.

laissant une arrière-garde au pont de la Dranse, qui était barricadé. Sans perdre un instant, ce colonel continua sa marche, dans la direction d'Evian et vint se heurter aux défenseurs du pont. « Ayant vu l'ennemi derrière la barricade, écrivait-il dans son rapport du 21 juin, je lui ai fait tirer un coup de canon ; les voltigeurs se sont élancés au pas de charge au cri de : « Vive l'Empereur ! » et ont franchi dans un instant, et sans un coup de fusil, les quatre barricades du pont. L'ennemi a pris la fuite. Les sapeurs et les grenadiers ayant jeté toutes les pièces de bois et les pierres dans la Dranse, le détachement du 18e dragons a pu déboucher du pont. J'ai ordonné à l'officier commandant de pousser vivement l'ennemi ; il l'a atteint au Clos d'Aulph ; tout a déposé les armes. Les voltigeurs avaient suivi la cavalerie au grand trot. Nous avons pris 5 officiers, 7 sergents, 12 caporaux, 88 soldats et un tambour. Pas un homme n'a échappé. Ce qui se trouvait à Evian, averti à temps par les soins des prêtres, s'est échappé et file sur Saint-Gingolph, où je vais les suivre (1). »

Ce même jour, les voltigeurs du 42e étaient descendus de Saint-Paul sur la Tour-Ronde ; mais le reste du bataillon piémontais avait déjà gagné la Meillerie, de sorte que le mouvement tournant était manqué. Un bataillon de l'avant-garde autrichienne, qui avait atteint Saint-Maurice la veille, vint renforcer, à la Meillerie, le bataillon du régiment de Montferrat, qui venait d'échapper à l'enveloppement. Ces deux bataillons, formant un effectif

---

(1) Rapport du colonel Bochaton au général Dessaix (daté d'Evian, le 21 juin 1815). Ce rapport se terminait par ces mots : « Il est impossible de décrire l'enthousiasme du Chablais; il est au-dessus de toute expression. Il n'est qu'un seul cri : « Vive la » France! » Des larmes coulent de tous les yeux. » (*Le Général Dessaix*, page 399.) — Voir aussi ordre du jour n° 36, Chambéry, 23 juin 1815 (A. H. G., *Cent-Jours, Armée des Alpes*).

de 700 à 800 hommes, se portèrent alors à l'attaque des
voltigeurs du 42ᵉ, qui soutinrent bravement le choc. Dès
qu'ils furent renforcés par le détachement du colonel Bochaton, qui avait poursuivi sa route après avoir pris quelque repos à Evian, ils chargèrent les Autrichiens à la
baïonnette et les refoulèrent jusqu'à la frontière valai-
sienne, en leur faisant subir des pertes sensibles. Cette
affaire coûtait aux Français 2 officiers, 13 soldats tués
et une trentaine de blessés, dont 2 officiers (1). Les pertes
des Autrichiens étaient de 2 officiers et 73 hommes tués
ou blessés (2).

La présence entre la Meillerie et Saint-Gingolph de
quatre bataillons autrichiens faisant partie de l'avant-garde
du général Bogdan empêchèrent les troupes du général
Dessaix de pousser plus loin : elles se replièrent derrière
la Dranse, laissant seulement un faible détachement à
Evian (3). L'offensive de Dessaix était définitivement en-
rayée dans le Chablais. Les renseignements recueillis auprès des prisonniers autrichiens ne laissaient aucun doute
sur l'arrivée à marches forcées des troupes du feld-maréchal Frimont.

Considérations sur les débuts de la campagne.

Le 20 juin, les avant-gardes de la 22ᵉ division étaient
à Saint-Jean-de-Maurienne et Moutiers. A cette date, il

------

(1) Rapport du général Dessaix au maréchal duc d'Albuféra,
Annemasse, 23 juin 1815 (*Le Général Dessaix*, page 400).
(2) Damitz, *Geschichte des Feldzuges* 1815, page 232. — Von
Plotho, *Der Krieg des verbündeten Europa gegen Frankreich im
Jahre* 1815, page 255. — D'après ces deux auteurs, ce serait le
détachement autrichien, composé de deux compagnies de chasseurs du bataillon n° 7, de deux compagnies de Valaques, d'Illy-
riens et de hussards, qui aurait repoussé les Français.
(3) Armée des Alpes, ordre du jour n° 37, Chambéry, 25 juin.
— Voir aussi rapport du maréchal Suchet au Ministre de la

eût été encore possible de les pousser jusqu'aux cols du Mont-Cenis et du Petit Saint-Bernard, puisque les avant-gardes du comte de Bubna ne devaient atteindre ces cols que le 24 et le 25, et qu'il n'y avait, en Maurienne et en Tarentaise, que de faibles détachements piémontais décimés et démoralisés par les derniers combats. Par une offensive énergique les avant-gardes françaises les eussent fait refluer facilement en Piémont, cependant que les réserves tactiques de la 22ᵉ division fussent venues occuper elles-mêmes Saint-Jean-de-Maurienne et Moutiers et que les réserves stratégiques (division de gardes nationales) se fussent portées sur la ligne Aiguebelle - Conflans.

L'occupation des défilés des grandes Alpes eût permis aux faibles contingents du maréchal Suchet de résister très longtemps aux colonnes austro-sardes qui, ne pouvant déployer que leurs têtes, eussent perdu l'avantage de leur supériorité numérique.

Du côté de l'aile gauche (23ᵉ division), l'occupation du défilé de Saint-Maurice s'imposait dès le début des opérations (1). Il eût été très facile au général Dessaix de s'emparer de ce point important, puisqu'il était, le 15, à Carouge, c'est-à-dire à environ trois étapes de ce défilé, et que l'avant-garde du feld-maréchal Frimont, malgré toute sa diligence, ne put y arriver que le 20. Comme on le sait, il n'y avait en Chablais, pour s'opposer à la marche du général Dessaix sur Saint-Maurice, qu'un bataillon du régiment de Montferrat, qui s'empressa de rétrograder quelques jours plus tard, dès que de faibles détachements de la 23ᵉ division eurent paru dans le Chablais.

---

guerre, 26 juin (*Le Général Dessaix*, loc. cit., page 400, et *Historique du 42ᵉ*, page 142.)

(1) Voir *Critiques du général de Vaudoncourt*, 1815, tome IV, page 300.

Le comte de Villette-Chivron, dans sa relation, fait ressortir ces fautes du début de la campagne.

« On a peine à concevoir, écrit-il, la raison qui empêcha le maréchal Suchet de choisir comme première base de ses opérations la fameuse ligne du maréchal Berwick. C'est dans les défilés des grandes Alpes qu'il semble que le maréchal Suchet aurait dû porter la majorité de ses forces.

» Dans ces conditions, il pouvait opposer de grands obstacles à l'armée d'Italie, soit à Saint-Maurice-en-Valais, soit dans les vallées de la Maurienne et de la Tarentaise (1). »

----

(1) Critiques citées en partie par le général Pierron (1er volume de la 2e partie des *Méthodes de guerres*, page 366).

CHAPITRE III

MARCHE OFFENSIVE CONCENTRIQUE DES AUSTRO-SARDES SUR LYON

(Carte n° 3.)

a) **Opérations en Savoie avant l'armistice.**

1° Invasion en Maurienne. Combat d'Aiguebelle.

Dès que la nouvelle de l'entrée des troupes françaises en Savoie parvint à Turin, des ordres furent donnés pour renforcer les troupes sardes qui occupaient les cols du Mont-Cenis et du Petit Saint-Bernard. Le comte de Bubna, parti de Turin le 22, atteignit Suse le 23. Dès son arrivée dans cette ville, il donna l'ordre à son avant-garde (1.500 hommes d'infanterie et de cavalerie, sous les ordres du général Bretschneider) de se porter sur le Mont-Cenis et de descendre en Maurienne. En outre, il prescrivit à une colonne de troupes légères, placée sous les ordres du général Pirkel, de se porter, dans la nuit du 24 au 25, d'Oulx sur Modane, en passant par le col de la Roue. Ces deux colonnes traversèrent les Alpes sans coup férir et firent leur jonction, le 25, à Modane. Le même jour, le général comte de Bubna, qui était arrivé au Mont-Cenis avec son gros, descendait en Maurienne et faisait occuper Lans-le-Villard, Bessans et Bonneval. Il avait laissé deux bataillons à Oulx avec mission d'observer le débouché du Mont-Genèvre.

Le lendemain 26, il ordonnait à son avant-garde de se

Carte N° 3.

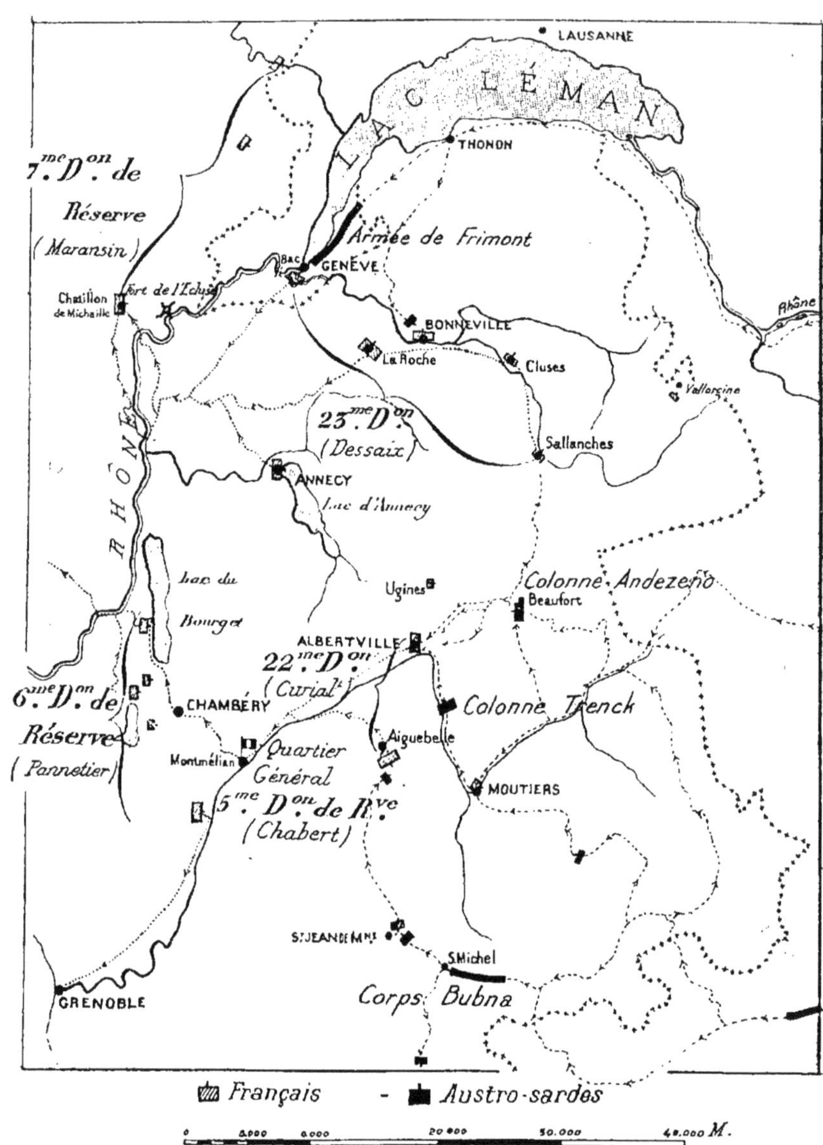

Situations respectives des armées française et austro-sarde
à la fin de juin 1815 (avant l'armistice).

porter sur Saint-Jean-de-Maurienne et d'envoyer un fort détachement de troupes légères sur Valloire et le col du Galibier, d'où la garnison de Briançon pouvait inquiéter ses derrières. Il portait son quartier général à Lans-le-Bourg et prescrivait aux troupes de Bessans et Bonneval de se porter sur Tignes et les Bréviaires par le col d'Iseran et de descendre ensuite la Tarentaise. Pour établir la liaison entre les colonnes des deux vallées, il détachait sur le col de la Vanoise un parti composé de quelques compagnies croates et de quelques hussards (1).

Le 27, l'avant-garde entrait à Saint-Jean-de-Maurienne et les postes avancés de la brigade Mesclop se repliaient sur le gros de cette brigade, qui occupait Argentine et Aiguebelle. Entre temps, les nouvelles de la bataille de Waterloo et de l'abdication de l'Empereur étaient parvenues au maréchal Suchet. Profitant de l'autorisation que lui accordait le gouvernement, il entama avec les généraux autrichiens des négociations en vue de la signature d'un armistice. Il donna l'ordre au général Curial de se rendre de sa personne aux avant-postes pour régler avec le comte de Bubna les conditions d'une suspension d'armes ; l'entrevue eut lieu, dans la matinée du 27, au bourg de la Chambre. Le chef de bataillon Girod de l'Ain, aide de camp du général Curial, qui assistait à cette conférence, l'a relaté dans les termes suivants :

---

(1) Extrait de la relation du comte de Villette-Chivron : « Dans les deux campagnes, où les troupes autrichiennes ont occupé la Savoie, écrit cet officier, on a été étonné de voir les hussards parcourir jour et nuit les montagnes les plus escarpées, et suivre presque partout le Croate et le chasseur tyrolien. Les hussards hongrois ont, comme les Cosaques, un talent inné pour s'orienter ; aucune troupe légère n'éclaire avec plus d'intelligence une armée et ne fait mieux la correspondance que cette cavalerie infatigable. La force et l'agilité du cheval hongrois suppléent à son manque de taille ; la dextérité de l'homme qui le monte, son excellente armure, tout concourt à rendre cette cavalerie inappréciable à l'armée appelée à faire la guerre dans les pays montueux. »

« M. le lieutenant-général Curial a donné connaissance à M. de Bubna des événements qui venaient de se passer en France, des pleins pouvoirs qu'il avait reçus du maréchal duc d'Albuféra pour conclure un armistice, afin d'arrêter l'effusion du sang, et enfin de la dépêche télégraphique qui annonce que l'armistice est déjà conclu sur plusieurs points. M. de Bubna a protesté du désir qu'il aurait de pouvoir suspendre toute hostilité ; mais il a déclaré ne pas en avoir le pouvoir, n'ayant reçu aucun ordre de son gouvernement à cet égard, ni même de nouvelles du quartier général des alliés, touchant les événements dont on lui faisait part. Il a ajouté qu'il était en pleine marche ; que les opérations de l'armée autrichienne étaient commencées sur tous les points et qu'une communication semblable, venant seulement du gouvernement français, ne pouvait ni ne devait les arrêter, quelle que fût d'ailleurs son importance ; que cependant il n'hésiterait pas à conclure l'armistice proposé si on lui cédait l'étendue du pays qu'il avait ordre d'occuper. D'après les instructions de M. le maréchal, le général Curial a proposé de céder la rive gauche de l'Isère, jusqu'à l'endroit où la limite du territoire français partage cette rivière. M. de Bubna a répondu que cette étendue de pays ne lui suffisait pas pour établir et développer ses colonnes, qui marchaient serrées dans les gorges de la Maurienne.

» Après avoir longtemps disputé cette première proposition, le général Curial a cru devoir lui offrir tout le pays nouvellement conquis. M. de Bubna n'a point encore voulu se contenter de cette dernière proposition ; il s'est enfin tenu à demander la libre communication avec Genève, c'est-à-dire les bassins de Chambéry et d'Annecy. Le général Curial, le voyant affermi dans cette dernière résolution, a rompu la conférence (1). »

---

(1) Rapport du chef de bataillon Girod de l'Ain sur l'entrevue

Le lendemain 28, l'avant-garde autrichienne reçut l'ordre de continuer sa marche sur Argentine ; mais comme la position occupée par la brigade Mesclop était très forte, le général comte de Bubna résolut de la tourner par sa droite, tout en faisant le simulacre d'une attaque de front. Il détacha à cet effet une colonne d'infanterie qui, par les hauteurs de Saint-Rémy et les bois à l'est du Cucheron, devait se porter sur Aiguebelle et prendre ainsi à revers les troupes françaises. Quand il jugea le mouvement tournant suffisamment dessiné, il fit déployer, en face de la position d'Argentine, des chasseurs et des Croates qui commencèrent l'attaque. « Le comte de Bubna, qui n'avait en vue que de déboucher promptement dans la vallée de l'Isère, écrit le comte de Villette-Chivron, fit alors cesser le feu et proposa au général français de parlementer; le résultat de cette suspension momentanée eut tout l'effet qu'en désirait le comte de Bubna. Le général ennemi se voyant tourné et attaqué par des forces supérieures, consentit à se retirer et à signer un armistice peu avantageux..... La retraite des Français fut une suite nécessaire de cette convention, laquelle permit au comte de Bubna

---

tenue à la Chambre, le 27 juin 1815 (A. H. G., *Cent-Jours, Armée des Alpes*).

A la suite de la rupture des pourparlers, le maréchal Suchet adressait au Ministre de la guerre la lettre ci-après :

Armée des Alpes, quartier général de Chambéry, 27 juin 1815.

« Monsieur le Maréchal, je m'empresse de vous adresser les rapports des officiers que j'ai envoyés pour traiter d'une suspension d'armes. Les prétentions des généraux autrichiens sont telles que je ne me crois pas en droit de les accepter. Je vous en transmets extrait par voie télégraphique, afin que le gouvernement me trace la marche que j'ai à suivre dans cette circonstance difficile. Je fais une dernière proposition pour éviter que le sang ne coule. Si elle n'est pas acceptée, je crains que demain nous ne soyons aux prises, attendu que l'armée autrichienne est en pleine opération sur toute la ligne des Alpes au Rhin. Vous savez quelle est la disproportion de mes forces, puisque les Autrichiens débouchent avec 80.000 hommes, et que j'en ai à peine 10.000 sur lesquels je puisse compter. »

de déboucher avec tout son corps d'armée, son artillerie
et ses bagages, dans la vallée de l'Isère, sans essuyer de
perte, si ce n'est celle de quelques hommes au combat du
pont d'Argentine (1). » Cette convention fut ratifiée par le
maréchal Frimont; elle spécifiait que l'armistice durerait
quatre jours et que le corps d'observation des Alpes se
retirerait sur les frontières fixées par le traité du 30 mai
1814, c'est-à-dire à la limite du département du Mont-
Blanc (2).

2° Opérations en Tarentaise. Combat de Conflans-l'Hôpital.

Nous avons vu que, le 18, le feld-maréchal Frimont
avait détaché de Novare, sous les ordres du général Trenck,
une colonne composée d'un régiment d'infanterie hongroise (Duka), d'une batterie, de 100 hussards et quelques
Croates. Cette colonne avait ordre de se diriger sur le
Petit Saint-Bernard, de rejoindre en Tarentaise les troupes sardes du général Andrezeno et de venir ensuite
attaquer la ville de Conflans-l'Hôpital. Elle devait, en
outre, établir la liaison entre le corps opérant en Maurienne (Bubna) et l'armée qui allait descendre le Rhône
par ses deux rives (feld-maréchal Frimont).

Le général Trenck arriva, le 22, à Bourg-Saint-Maurice,
après avoir parcouru plus de 150 kilomètres en cinq
jours. Après entente avec le général Andezeno, il décida
que l'attaque de Conflans se ferait en deux colonnes,
composées comme il suit :

---

(1) Extrait de la relation du comte de Villette-Chivron, *loc.
cit.*, page 59.

(2) Le comte de Bubna avait dû éprouver quelques difficultés
pour le ravitaillement de ses troupes en Maurienne, car il mit
cette condition à l'acceptation de l'armistice, que 40.000 rations
de vivres seraient fournies immédiatement à son armée par trente
communes du territoire français des environs de Chambéry (Bibliothèque de Chambéry, archives communales, dossier 664).

1re colonne (général Trenck) :

10 compagnies du régiment hongrois de Duka (1) ;

1 bataillon du régiment de Piémont ;

4 compagnies de chasseurs italiens ;

1/2 batterie ;

100 hussards et quelques Croates.

2e colonne (général Andezeno) :

1 bataillon du régiment hongrois de Duka ;

1 bataillon du régiment de Montferrat.

L'attaque de Conflans par les deux colonnes devait avoir lieu simultanément le 28 à l'aube. La première devait descendre la Tarentaise, la seconde se porter sur Beaufort pour venir attaquer Conflans-l'Hôpital par les deux rives de l'Arly. La colonne Andezeno quitta Moutiers le 24 et se dirigea sur Beaufort par le col du Cormet. Dès son arrivée à Beaufort, le général sarde envoya des reconnaissances sur l'Arly et les abords de Conflans. Elles lui apprirent que la rivière n'était pas guéable et que tous ses passages, en amont de la ville, étaient tenus par des postes français. Se voyant alors dans l'impossibilité d'attaquer l'Hôpital à revers par Pallud et Saint-Sigismond, il résolut de se porter sur Conflans par la vallée du Doron et les hauteurs de la Roche-Pourrie (2).

La ville et les passages sur l'Arly étaient défendus par le colonel Bugeaud, qui avait sous ses ordres :

Le 14e de ligne (3) ;

---

(1) Deux compagnies de ce régiment avaient été détachées à Sallanches pour établir la liaison avec l'aile gauche du feld-maréchal Frimont.

(2) Relation du comte de Villette-Chivron, pages 44 et suivantes.

(3) Le 14e de ligne était passé à la 2e brigade (Bouvart) de la 22e division, en remplacement du 24e, passé à la 1re brigade à la date du 20 juin (Armée des Alpes, ordre du jour n° 33, Chambéry, 20 juin 1815).

1 bataillon du 20ᵉ de ligne ;

1 escadron de chasseurs.

Il avait appris, le 27, par des prisonniers autrichiens, qu'il devait être attaqué le lendemain par les colonnes Trenck et Andezeno réunies.

En rendant compte de sa situation au maréchal Suchet, il lui demandait de vouloir bien appeler dans l'Hôpital les troupes qui défendaient la Maurienne, « afin d'écraser la colonne Trenck pendant que celle de Bubna donnerait dans le vide et viendrait se casser le nez contre la tête de pont de Montmélian ».

« Si nous combattons dans les deux vallées, disait-il, nous serons trop faibles sur les deux points ; réunis dans la Tarentaise, quoique plus faibles encore que nos adversaires, nous pourrons les vaincre par la supériorité de nos troupes. »

Et il ajoutait :

« Au reste, Monsieur le Maréchal, en attendant vos ordres, nous défendrons notre position à outrance parce que je sens combien il est important pour la sûreté de la brigade Mesclop et du quartier général (1) de ne pas laisser pénétrer le général Trenck par la rive droite de l'Isère jusqu'à Montmélian (2). »

La solution proposée par le colonel Bugeaud était encore réalisable le 27. En effet, ce jour-là, le gros de la brigade Mesclop était à Aiguebelle, à 25 kilomètres de Conflans. En partant le 27 au soir, cette brigade pouvait, par une marche de nuit, se trouver, le 28 au matin, sous l'Hôpital, et son mouvement de repli pouvait se faire en

---

(1) Le quartier général était à Montmélian. Le maréchal Suchet, qui avait passé l'inspection des troupes du colonel Bugeaud le 27 au matin, était reparti de suite pour rejoindre le quartier général.

(2) *Œuvres militaires du maréchal Bugeaud : Réflexions et Souvenirs militaires*, page 353.

toute sécurité, puisque l'avant-garde du corps Bubna était encore, le même jour, à Saint-Jean-de-Maurienne, c'est-à-dire à une étape d'Aiguebelle.

Le maréchal Suchet ne crut pas devoir déférer aux désirs du colonel Bugeaud. On sait déjà que la brigade Mesclop attendit l'attaque des Autrichiens sur la position d'Aiguebelle, et on verra, par la suite, que le colonel Bugeaud dut défendre les passages d'Arly avec ses seules forces.

Les dispositions de sûreté prises par celui-ci étaient les suivantes :

Le 27, à l'entrée de la nuit, il avait poussé sur les directions dangereuses (routes de Moutiers et de Beaufort) des postes qui l'éclairaient à une lieue et demie en avant (1) ; en outre, il avait fait garder, jusqu'à deux lieues sur sa gauche, tous les passages sur l'Arly, de manière à empêcher la colonne ennemie stationnée à Beaufort de traverser la rivière et de prendre ses troupes à revers. Il pouvait communiquer avec tous ses postes au moyen de signaux.

Le système de sûreté, poussé à une lieue et demie de la position à défendre, donnait au colonel Bugeaud le temps suffisant pour prendre ses dispositions de combat et lui permettait de battre en retraite en toute sécurité si l'ordre lui en parvenait dans la nuit.

Le 28, à l'aube, le colonel recevait le Bulletin officiel de la bataille de Waterloo (2) et, quelques instants après

---

(1) Le maréchal Bugeaud dit seulement dans ses *Réflexions sur le système des avant-postes*, qu'il éclairait ces deux vallées à la distance indiquée, sans spécifier sur quels points étaient établis ses postes. Le comte de Villette-Chivron, dans sa relation, mentionne que deux d'entre eux occupaient Venthon et le pont de Queige. Il est probable qu'un troisième était établi à Tours, sur la route de Moutiers.

(2) *Œuvres militaires du maréchal Bugeaud : Réflexions et Souvenirs militaires*, page 353.

arrivait la députation du 14ᵉ, qui avait assisté à la distribution des aigles au Champ-de-Mai, et qui rapportait le drapeau du régiment. « Voulant devancer la rumeur publique et paralyser son action par ses discours, le colonel Bugeaud fit former le 14ᵉ en colonne serrée, lut lui-même le bulletin de la fatale bataille, présenta le drapeau et prononça cette vibrante allocution :

« Soldats du 14ᵉ, voici votre aigle ! C'est au nom de la Patrie que je vous la présente, car si l'Empereur, comme on l'assure, n'est plus notre souverain, *la France reste !* C'est elle qui **vous confie ce** drapeau : il sera toujours pour vous le talisman de la victoire. Jurez que, tant qu'il existera un soldat du 14ᵉ, aucune main ennemie n'en approchera !

— Nous le jurons ! répondirent tous les soldats, et les officiers, sortant du rang, brandissant leur épée, répétèrent ce serment (1). »

A ce moment, arriva un maréchal des logis du 10ᵉ chasseurs, qui annonça l'arrivée de l'ennemi.

« Tant mieux ! s'écria le colonel, il ne pouvait nous trouver dans de meilleures dispositions..... Messieurs, reprenez vos places (2.) »

Le général Andezeno, parti le 27, à 4 heures du soir, de Beaufort, se dirigea avec un bataillon sur les hauteurs de la Roche-Pourrie pendant que son deuxième bataillon, qui avait suivi la vallée du Doron par les deux rives, vint donner dans le poste de Queige, le 28, à 3 h. 1/2 du matin. Ce poste battit en retraite sur Venthon et le pont de l'Hôpital. Quant à la colonne Trenck, son arrivée sur le champ de bataille fut retardée par les obstacles

---

(1) *Le maréchal Bugeaud,* par le comte d'Ideville, tome I, pages 163 et 164.
(2) *Œuvres militaires du maréchal Bugeaud : Réflexions et Souvenirs militaires,* page 354.

qu'elle rencontra en cours de route (1). Pour faire passer son artillerie, elle dut, en effet, enlever un grand nombre d'arbres abattus, que l'escadron du 10e chasseurs français avait placés en travers de la route. Le gros des troupes de Bugeaud occupait la rive droite de l'Arly ; seul un détachement de trois compagnies, laissé sur la position de Conflans, avait pour mission de tenir sur la rive gauche, « pour attirer à lui toutes les forces de l'ennemi et lui ôter ainsi la pensée de tourner la position réelle de la rive droite en passant la rivière à une ou deux lieues au-dessus (2) ».

La position de la rive gauche devait être évacuée sans combat sérieux ; si l'ennemi tentait alors le passage, « il présentait la circonstance la plus heureuse pour une armée inférieure, celle de ne combattre que la fraction d'une armée scindée en deux par une rivière (3) ».

Ce plan avait été exposé le 27 au soir, à toute la colonne réunie, afin, disait le colonel Bugeaud, « de trouver plus d'intelligence et de fermeté dans l'exécution (3) ».

La retraite trop précipitée du détachement français, qui de Queige s'était porté sur le bourg de l'Hôpital. sans s'arrêter au pont, faillit tout compromettre. Le bataillon hongrois qui le poursuivait réussit à traverser le pont à sa suite, quoique ce passage ait été en partie démoli, et ses tirailleurs se répandirent sur la rive droite de l'Arly, en aval de la ville, coupant ainsi la retraite aux trois compagnies du 14e laissées à Conflans. Entre temps, le deuxième bataillon du général Andezeno était descendu de la Roche-Pourrie et était venu prêter son appui au bataillon hongrois.

Le colonel Bugeaud, qui était resté sur la rive gauche

---

(1) Relation du comte de Villette-Chivron, pages 47 et 51.
(2) *Œuvres militaires du maréchal Bugeaud : Réflexions et Souvenirs militaires*, pages 354 et 355.
(3) *Idem*, page 355.

avec les trois compagnies séparées du régiment, leur donna l'ordre de se jeter dans la fonderie située au confluent de l'Arly et de l'Isère et d'y tenir à outrance. Lui-même traversa l'Arly à la nage ; il trouva son régiment en pleine retraite, conduit par le général Bouvart, sous les ordres immédiats de qui il se trouvait. Celui-ci, estimant que la position était mauvaise, avait pris la résolution d'en chercher une meilleure sur la route de Montmélian ; mais le colonel Bugeaud, qui ne voulait point laisser l'Hôpital aux mains de l'ennemi, apostropha son général en termes fort énergiques (1), et, se mettant à la tête de compagnies de grenadiers, il les ramena sur la localité en prescrivant au reste du régiment de marcher en soutien. Il prit comme direction la sortie du bourg, où les Hongrois débouchaient en colonne serrée, négligeant pour l'instant leurs nombreux tirailleurs, répandus dans la plaine.

Les grenadiers furent accueillis par un feu nourri qui ne brisa pas leur élan. Arrivés à 40 pas de la tête de colonne hongroise, ils furent arrêtés, exécutèrent une seule décharge ; puis, entraînés par leurs officiers, se précipitèrent sur la colonne ennemie aux cris de « En avant ! » Les Hongrois refluèrent en désordre dans les rues de l'Hôpital et sur le pont de l'Arly, qui fut bientôt encombré de fuyards. Quelques-uns, voulant traverser la rivière à la nage, s'y noyèrent ; un grand nombre restèrent aux mains des grenadiers, qui occupèrent la localité. Revenant alors en arrière, le colonel Bugeaud, avec une partie des compagnies du centre et l'escadron du 10e chasseurs, cueillit dans la plaine les tirailleurs ennemis isolés, qui n'avaient pu rejoindre le pont.

---

(1) Le colonel qui discutait avec son général, s'emportant à la fin, se serait écrié : « Allez vous faire f.....! » (Incident rapporté par Girod de l'Ain, *Dix Ans de souvenirs militaires,* page 388.)

Cependant les grenadiers barricadaient les maisons de l'Hôpital, et le général Andezeno maintenait sa position sur la rive gauche, attendant l'arrivée de la colonne Trenck pour renouveler son attaque sur le bourg. « Ce ne fut qu'au bout d'une heure que l'on commença à entendre les premiers coups de feu de son avant-garde qui attaquait la position de la fonderie (1). » Mais, à ce moment, toute la rive droite se trouvait complètement dégagée ; les trois compagnies du 14e, laissées sur l'autre rive, étaient rappelées et pouvaient rejoindre le gros de leur régiment.

Le général Trenck, dès son arrivée, avait fait passer quelques renforts au général Andezeno qui, voulant réparer un premier échec, s'apprêtait à reprendre l'offensive par le pont de l'Hôpital. De son côté, le général autrichien formait ses troupes en colonne derrière l'aqueduc de la fonderie, leur faisait passer l'Arly à gué près de son confluent avec l'Isère et marchait sur la route de Chambéry, menaçant ainsi la ligne de retraite des troupes de Bugeaud.

Celui-ci ne disposait que des six compagnies du centre ; les compagnies des ailes, grenadiers et voltigeurs, occupaient le bourg de l'Hôpital, face à Andezeno. Au lieu de porter directement ces six compagnies sur la colonne ennemie, ce qui « était faire ce à quoi elle s'attendait et ne pouvait avoir sur elle qu'une faible influence morale », il les dirigea sur le gué, de façon à menacer sa

---

(1) Relation du comte de Villette-Chivron, *loc. cit.*, page 50.
Le récit du maréchal Bugeaud, daté d'Alger 1845, ne fait pas mention de l'arrivée de la colonne Trenck, qui, au dire du comte de Villette-Chivron, détermina la retraite des compagnies du 14e laissées sur la rive gauche. Il est vraisemblable d'admettre, en raison de la mission qui leur avait été assignée, que ces trois compagnies ne se replièrent sur la rive droite qu'après avoir obligé le général Trenck à déployer une partie de ses troupes. L'arrivée de ce général marque deux phases bien distinctes dans le combat.

ligne de retraite, certain ainsi « de frapper son moral d'une manière décisive (1) ».

Dès que le mouvement des compagnies du 14ᵉ fut nettement dessiné, la colonne ennemie s'empressa de rétrograder sur le gué, d'abord en ordre, puis en grande confusion. Les fusiliers du 14ᵉ dirigèrent alors sur cette masse fuyante un feu nourri, qui lui causa de grandes pertes. Entre temps, l'artillerie du général Trenck s'était mise en batterie sur les hauteurs qui dominent les Adoubes, et dirigeait un feu violent sur les premières maisons de l'Hôpital et en particulier sur la rue du Pont (2), où des incendies ne tardèrent pas à se déclarer. Le général Andezeno tentait à plusieurs reprises, avec l'appui de cette artillerie, de franchir le pont et d'enlever le bourg de l'Hôpital mais il se heurtait à une résistance opiniâtre des compagnies d'élite du 14ᵉ de ligne, que ni l'incendie ni le bombardement ne parvenaient à ébranler.

Pendant cette phase du combat, qui dura une heure et demie, on vit le chef de bataillon Siéyès, à la tête d'une compagnie de grenadiers, passer et repasser le pont et charger l'ennemi sur la rive gauche de l'Arly (3).

Vers 9 heures, les munitions de la ligne de combat venant à manquer, le colonel Bugeaud voulut opérer un

---

(1) *Œuvres militaires du maréchal Bugeaud : Réflexions et Souvenirs militaires*, page 358.

(2) En 1815, le pont était un peu en amont de celui existant actuellement (en face la vieille rue du Pont, aujourd'hui rue Bugeaud).

(3) Le comte de Villette-Chivron écrit dans sa relation : « On avait affaire à l'ancienne 14ᵉ demi-brigade, qui s'était acquis une grande réputation dans les guerres précédentes ; dès cet instant on ne se battit plus qu'à bout portant et à la baïonnette. Les Français tiraient par les fenêtres et faisaient beaucoup de mal aux troupes alliées ; on remarqua même que quelques habitants égarés, devenus leurs partisans, s'étaient joints à eux : ce qui décida le général baron de Trenck à incendier avec ses obusiers les maisons de la tête du bourg, d'où partirent des coups de fusil. »

ravitaillement et ne trouva plus sa réserve de munitions, qui était portée par vingt mulets. L'adjudant commandant l'échelon l'avait emmenée à plus d'une demi-lieue en arrière du champ de bataille. Ce fâcheux incident eût déterminé une retraite définitive du colonel, s'il n'eût attendu un bataillon du 67e qui, arrivé la veille à Ugines, avait reçu l'ordre de marcher au combat. Pour soustraire les défenseurs de l'Hôpital à un feu auquel ils ne pourraient bientôt plus répondre, le colonel résolut de porter toutes ses troupes sur une position en arrière du bourg, choisie de telle sorte qu'il pouvait soit battre en retraite par le col de Tamié, si le renfort attendu n'arrivait pas, soit au contraire marcher à l'attaque de l'Hôpital, si le bataillon du 67e se présentait au nord de la localité. La retraite du 14e de ligne se fit sans être inquiétée. Le général Andezeno jeta, il est vrai, deux bataillons dans l'Hôpital ; mais, au lieu de poursuivre les Français, ces bataillons se répandirent dans le bourg et le mirent au pillage. Pendant ce temps, l'échelon de munitions avait rejoint le 14e de ligne sur sa nouvelle position et l'avait ravitaillé.

Les coups de canon tirés par les Autrichiens dans la direction d'Ugines annoncèrent bientôt au colonel Bugeaud que le bataillon du 67e arrivait à portée du champ de bataille. Dès qu'il l'eût aperçu sur la côte de Pallud, le colonel forma avec son régiment trois colonnes d'attaque et les lança, au pas de charge, à l'assaut de l'Hôpital. Les Autrichiens ne firent pas de résistance sérieuse : ils refluèrent en désordre sur le pont et ses abords, où ils laissèrent bon nombre des leurs. La jonction du 14e de ligne et du bataillon du 67e de ligne se fit sur un monceau de cadavres (1).

---

(1) *Œuvres militaires du maréchal Bugeaud : Réflexions et Souvenirs militaires*, page 360.

Le colonel Bugeaud, ayant reçu un nouveau bataillon
de renfort du 20e de ligne, venu de Montmélian, prenait
ses dispositions pour passer à une vigoureuse offensive,
quand un chef de bataillon d'état-major vint lui annoncer
qu'un armistice venait d'être conclu entre le comte de
Bubna et le maréchal Suchet. Le colonel dut abandonner
le terrain sur lequel ses troupes avaient si vaillamment
combattu et se retirer sur les frontières (1) de la Savoie,
conformément à une clause de la convention. Ce combat,
dans lequel moins de 2.000 Français, qui venaient d'apprendre la nouvelle du désastre de Waterloo, luttèrent
avec avantage pendant dix heures contre des forces supérieures, est un des plus beaux faits d'armes qu'enregistre
l'histoire militaire des Alpes. Elle est un exemple frap-
pant des admirables résultats que peuvent produire l'ha-
bileté et l'énergie d'un chef secondé par la vaillance et
l'endurance de ses troupes. Ce fut le 28 juin 1815, sur
les rives de l'Arly, que le futur maréchal duc d'Isly
commença d'illustrer un nom qui devait acquérir tant
de célébrité sur la terre d'Afrique. L'ennemi perdit dans
cette affaire 1.500 hommes tués ou blessés et 500 prisonniers (2).

---

(1) Frontières de 1814.
(2) Dépêche télégraphique du maréchal duc d'Albuféra au Ministre de la guerre, Chambéry, 29 juin 1815 (A. H. G., *Cent-
Jours, Armée des Alpes*). Le comte de Villette-Chivron, dans sa
relation, accuse une perte de 1.800 tués ou blessés et 250 prisonniers du côté des Autrichiens.
Le maréchal Bugeaud, dans son récit du combat, écrit que
l'ennemi perdit 2.000 hommes et 960 prisonniers, et il ajoute que
1.750 Français luttèrent pendant dix heures contre 9.000 ou
10.000 Autrichiens. Il semble que le maréchal ait été mal servi
par sa mémoire quand il écrivit en 1845 ses *Souvenirs et Réflexions militaires*. En effet, nous avons vu que la totalité des

3° Opérations dans le Chablais. — Combat de Bonneville.

Dès que le général Dessaix eut appris l'arrivée de l'armée du feld-maréchal Frimont dans le Valais, il se mit en mesure de faire renforcer rapidement la ligne de l'Arve, sur laquelle il comptait arrêter l'armée autrichienne si,

---

troupes ennemies qui prirent part à la bataille était de 3 bataillons, 14 compagnies, et quelques détachements. En portant les bataillons à 800, les compagnies à 150, et ı ensemble des détachements à 500 hommes, on arrive à un total de 5.000 ennemis, qui peut être considéré comme un maximum.

Nous ajouterons à ce récit la copie d'une lettre d'un témoin oculaire de la bataille, dont nous devons la communication à l'obligeance d'un camarade du 22e bataillon de chasseurs en garnison à Albertville.

« Figure-toi, ma chère fille, notre position. A 5 heures du matin, une foule d'Allemands enfoncent le portail, sous prétexte de savoir s'il n'y aurait point de Français, montent le petit escalier de la tour, enfoncent la porte du jardinier, lui volent ses montre, rasoirs, chemises, etc..., montent au-dessus, enfoncent de même les portes, tirent par les fenêtres, remplissent les salles, tirant de la petite terrasse, de toutes les autres fenêtres des autres terrasses. On ripostait ferme de l'autre côté de la rivière; les balles entraient dans toutes les chambres. C'est la Providence, qui nous a conservées, et ce n'était pas notre seul danger. Ta belle-sœur Fanny et moi avons passé cette affreuse matinée au milieu des sabres et des baïonnettes, à voir vider notre cave et tous les vivres que nous avions; ils prenaient les marmites sur le feu, tout ce qu'ils attrapaient, les pots de bouillon; nous avions retiré l'argenterie : une cuiller était restée dans la chambre de ta sœur malade, ils l'ont prise à la main de sa femme de chambre. Nos oficiers (*) venaient ou les uns ou les autres, quand ils pouvaient avoir un moment, leur donnaient la chasse, les battaient; mais ils n'avaient pas tourné le pied que les soldats étaient là. Par surcroît, d'Andezeno nous envoyait des officiers blessés. L'affaire finie, on nous a mis dix hommes de garde de Piémont et de Robert; mais comme dans la plaine les troupes ont bivouaqué plus de vingt-quatre heures, elles ont pillé les maisons écartées. On a pris à notre pauvre Uliel jusqu'à sa crémaillère; il ne lui est pas resté une porte, ni un morceau de pain. Nombre de maisons écartées n'ont pu échapper à ces Croates, malgré la diligence des chefs (**). »

(*) Officiers sardes.
(*) Lettre de la comtesse XXX... à sa fille.

selon toutes vraisemblances, elle marchait par la rive sud du Léman. A cet effet, il prescrivit au colonel Bochaton de se replier de Thonon sur Annemasse et Carouge; au général Soulier de porter sa brigade de gardes nationaux d'Annecy sur la Roche, et au colonel du 67e de se tenir prêt à quitter Annecy au premier appel. Pour assurer la sécurité sur les flancs de sa ligne de défense, il donna l'ordre au 42e, qui était à Bonneville, d'envoyer un détachement du côté de Vallorcine pour garder le col des Montets, et au 53e, dont le gros était à Carouge, de surveiller étroitement Genève et ses abords. Les troupes suisses, dont l'hostilité était manifeste, pouvaient, en effet, déboucher de cette ville. Pour avoir une idée exacte de la situation, le général Dessaix se rendit de sa personne à Thonon et Evian, où il arriva le 22. Les renseignements qu'il recueillit en cours de route le confirmèrent dans son opinion, que le gros de l'armée autrichienne allait déboucher par le Chablais, pour venir aborder la ligne de l'Arve entre Genève et Cluses. En conséquence, après avoir replié, le 24, son quartier général sur la rive gauche de la rivière, il prit les dispositions suivantes pour compléter la défense de sa ligne :

Il fit renforcer la garnison de Carouge :

Par un bataillon du 67e et par la compagnie des volontaires du Léman (1), commandée par le capitaine Royer, ancien capitaine des Allobroges. Il ordonna, en outre, d'établir un bac sur le Rhône entre Petit-Lancy et Aire, pour permettre aux troupes françaises surveillant le pays de Gex de se porter au premier ordre sur la ville de Carouge. La brigade Soulier, maintenue en réserve à la Roche, était en mesure de se porter en une étape sur les

---

(1) Formée, au début de la campagne, avec des volontaires chablaisiens et savoyards, sujets sardes qui avaient demandé à reprendre du service dans les rangs français.

points les plus éloignés de sa ligne, Carouge et Cluses. Le bataillon du 67ᵉ, laissé à Annecy, gardait le nœud des voies de communication qui se dirigent en éventail vers la ligne de l'Arve. Il garantissait, en outre, les derrières de la 23ᵉ division contre les incursions d'un parti ennemi qui, ayant gagné la Haute-Arve, se serait porté sur Annecy par les Aravis.

Dans une lettre adressée au maréchal Suchet, le général Dessaix faisait ressortir l'importance de Carouge.

« Je défendrai, écrivait-il, le pont de Cluses et celui de Bonneville jusqu'à la dernière extrémité; mais, si je n'avais pas assez de forces à Carouge, cette défense deviendrait nulle et les troupes qui y sont employées seraient forcées de se replier sur la Roche et Annecy. »

Il ajoutait qu'il aurait appelé dans cette ville tout le 67ᵉ « s'il n'avait craint d'affaiblir la place d'Annecy, sur laquelle l'ennemi pouvait vouloir déboucher des montagnes (1) ».

Les Autrichiens s'avancèrent dans le Chablais avec beaucoup de circonspection. Ils n'entrèrent à Thonon que le 24, et ce fut seulement le 27 qu'ils reprirent contact avec les troupes françaises sur la ligne de l'Arve. Une forte reconnaissance d'un millier d'hommes et de 200 chevaux (2) essaya de pénétrer dans Bonneville. Elle se heurta au 42ᵉ de ligne, retranché dans la localité, qui l'accueillit par une décharge à bout portant. Le général Montfalcon, ayant alors fait battre la charge, ce régiment fondit sur l'ennemi, le poursuivit l'épée dans les reins et lui fit de nombreux prisonniers (3). Le même jour, l'avant-

____

(1) Rapport du général Dessaix au maréchal duc d'Albuféra, 24 juin 1815 (*Le Général Dessaix, loc. cit.*, p. 402).

(2) Le comte de Villette-Chivron dit, dans sa relation, que cette reconnaissance était forte de 1.500 hommes.

(3) Les pertes ennemies étaient d'environ 250 tués ou prison-

garde de l'armée autrichienne occupait Carouge et bailliage de Gaillard.

Dans la soirée de ce jour, la nouvelle du désastre de Waterloo se répandit parmi les troupes de la 23e division. Le 28, le général Dessaix se rendit à Carouge, à une entrevue qui lui fut demandée par le feld-maréchal lieutenant comte de Creenville, et signa une convention (1) aux termes de laquelle les troupes de sa division devaient se retirer sur la portion de la Savoie laissée à la France par le traité du 30 mai ; en conséquence, il transféra son quartier général à Saint-Julien (2).

---

niers. Le 42e avait eu 6 tués, dont 1 officier, et une trentaine de blessés. (*Historique du 42e*, p. 143.)

(1) Le général Dessaix au maréchal duc d'Albuféra, Saint-Julien, 28 juin 1815 (*Le Général Dessaix, loc. cit.*, page 404). D'après des notes manuscrites du général Dessaix, le feld-maréchal-lieutenant de Creenville lui aurait tenu dans cette entrevue les propos suivants :

« Général, nous avons donné les ordres les plus exacts pour que vos propriétés et celles de votre famille soient respectées ; c'est un devoir que nous remplissons à votre égard et que vous a mérité votre conduite franche, loyale et désintéressée, dans notre pays et dans tous ceux que vous avez parcourus, où vous avez constamment maintenu la discipline, protégeant toujours les familles et les propriétés. » (*Le Général Dessaix*, loc. cit., page 405.)

(2) Les conditions relatives à la signature d'un armistice s'étendant à toute l'armée des Alpes avaient été, de ce côté, négociées dès le 27, d'une part entre le commandant d'Eschallard, sous-chef d'état-major de l'armée des Alpes, et, d'autre part, entre le général comte de Fiquelmont, chef d'état-major de l'armée autrichienne. Tandis que le général Curial et le général Bubna discutaient à la Chambre des conditions possibles de la suspension d'armes, les premiers pourparlers s'engagèrent à Saint-Michel, près de Genève, entre les plénipotentiaires français et autrichiens.

« Le 27 au matin, écrit le commandant d'Eschallard (*), M. le général comte de Fiquelmont, chef d'état-major de l'armée autrichienne, muni de pouvoirs écrits dont il m'a donné connaissance, est arrivé à Saint-Michel. Je lui ai alors fait ma proposition de suspension d'armes. laissant les deux armées dans leurs positions respectives. M. de Fiquelmont m'a répondu que cette suspension

---

(*) D'Eschallard, sous-chef d'état-major de l'armée des Alpes, au maréchal duc d'Albuféra. Chambéry, 27 juin 1815 (*Cent-Jours, Armée des Alpes.*) A. II. G.

b) **Opérations après l'armistice.**

1° En Savoie. — Abandon des monts de l'Epine et du Chat et de la Grotte des Echelles (1).

Au lendemain de la conclusion de l'armistice, la 22ᵉ division s'était repliée sur Chambéry et Yenne, en laissant un détachement à Montmélian, qui ne devait être occupé que le 2 juillet à 7 heures du soir, conformément à une clause spéciale de l'armistice (2).

---

d'armes ne pouvait avoir lieu que dans le cas où Votre Excellence céderait d'abord Grenoble et le fort l'Ecluse; mais il a ajouté que, considérant la proposition d'un armistice sous un point de vue politique, tant que Bonaparte serait en France, et n'ayant point de nouveaux ordres de son Souverain depuis l'abdication de Napoléon, il demandait que l'armée sous vos ordres se retirât de façon à céder à l'armée autrichienne toute la partie de la France comprise entre les Alpes et une ligne qui passerait par Bourg, Lyon et Antibes, ces trois villes comprises..... Je lui ai répondu que j'étais loin d'avoir des pouvoirs assez étendus pour m'expliquer davantage avec lui après de pareilles propositions; que j'allais rapporter sa demande à Votre Excellence, demande à laquelle il aurait réponse dans les vingt-quatre heures seulement, à cause de la distance. »

On sait que les premières conditions, proposées par le comte de Bubna, avaient également été jugées inacceptables. et que l'accord définitif ne réussit à se faire que le 28.

(1) On pourra suivre ces opérations sur la carte au 1/80.000°.

(2) Relation du comte de Villette-Chivron. Il y eut, à propos de l'occupation de cette ville, un incident rapporté comme il suit dans la relation précitée : « Le comte de Bubna, à l'heure convenue, fit marcher vers le front un bataillon de chasseurs et un régiment d'infanterie de ligne. L'officier d'état-major qui conduisait ce corps trouva le pont de Montmélian gardé par les Français; le colonel qui y commandait refusa de le céder, alléguant que le maréchal Suchet avait fait avec le baron Frimont un armistice en vertu duquel les troupes devaient, de part et d'autre, rester dans leurs positions respectives. Aussitôt que le comte Bubna eut appris cet incident, il vint sur les lieux avec de nouvelles troupes, s'avança lui-même sur le pont, accusa le maréchal de manquer à sa parole et somma le colonel français

Les nouvelles reçues de son aile gauche avaient appris au maréchal Suchet que le gros de l'armée du feld-maréchal Frimont avait traversé Genève et était venu camper au nord du Rhône, sur les hauteurs de Champel et du Grand-Sacconex. Ces renseignements le déterminèrent à porter la majeure partie de ses troupes au nord du fleuve, pour s'opposer à la marche de l'armée principale d'invasion qui allait vraisemblablement se porter sur Lyon. En conséquence, la 22e division se replia sur Pont-d'Ain par Belley et Saint-Rambert, et la 23e division vint renforcer la division Maransin, à Châtillon-de-Michaille en passant par le pont de Bellegarde (1). Seuls, les gardes nationaux du général Pannetier, furent laissés en face du corps de Bubna avec mission de défendre la route des Echelles et les passages de l'Épine et du Mont du Chat (2). De son côté, le comte de Bubna avait fait occuper les hauteurs d'Aiton et d'Aiguebelle, et envoyé un détachement dans le ravin de la Rochette pour surveiller les mouvements des gardes nationaux du général Chabert, qui occupaient le fort Barraux.

Le 1er juillet, le comte de Bubna installait son quartier général au château de Planaise ; le 2, il faisait occuper la ville de Montmélian, comme nous l'avons vu précédemment ; le 3, il entrait à Chambéry avec son avant-garde et poussait des postes à Cognin et Saint-Sulpice (3).

Dans le but de plaire aux habitants de Chambéry, qui

---

de se retirer ; puis, appelant les chasseurs qui étaient à quelques pas de lui, il fit précipitamment encombrer le pont et déclara qu'il y resterait. Le colonel, déconcerté par cet acte de fermeté, se replia sans autre discussion sur les hauteurs de l'ancienne forteresse de Montmélian, qu'il abandonna quelques instants après..... »

(1) Lettre de l'ordonnateur en chef de l'armée des Alpes au Ministre de la guerre, datée de Pont-d'Ain le 2 juillet (A. H. G., *Cent-Jours, Armée des Alpes.*)

(2) *Le Général Dessaix*, page 409.

(3) Archives communales de Chambéry, dossier 664.

avaient été autrefois les fidèles sujets du roi de Piémont, il avait fait placer en tête de l'avant-garde le régiment Piémont-Infanterie, rappelé en toute hâte de la vallée de Faverges (1). Dès son arrivée dans cette ville, le général comte de Bubna fit reconnaître les positions occupées par les Français et fut « bientôt convaincu des difficultés qu'il y aurait à les attaquer de front (2) ».

Les gardes nationaux de Pannetier avaient en effet élevé de bons retranchements aux passages principaux des monts de l'Épine et du Chat, et la route des Echelles était défendue par des vétérans qui avaient construit au défilé de la Grotte et au tunnel Napoléon, récemment percé, des ouvrages leur permettant de soutenir « un véritable siège. Son entrée, masquée d'un massif en pierre de taille, était percée de créneaux ; deux redoutes, placées à droite et à gauche du rocher à pic, achevaient de rendre cette position pour ainsi dire inattaquable (3) ». Les gardes nationaux, toutefois, avaient négligé de garder un « petit sentier de chèvre passant entre la montagne de l'Épine et celle du Chat (4) ». Ce passage, qui était connu d'un officier sarde originaire de la Savoie, le chevalier de Costa, permettait à une petite colonne de gagner Novalaise sur les derrières des positions occupées par les Français, sans qu'elle puisse être éventée par les postes

(1) Relation du comte de Villette-Chivron, page 64.

(2) *Id.*, page 66.

(3) *Id.*, page 66. En 1815, la route de Chambéry aux Echelles, appelée alors la route Charles-Emmanuel, passait par la grotte et Saint-Christophe. Le vieux tracé est encore très apparent à l'époque actuelle. Le nouveau tracé, qui passe sous le tunnel, ne fut achevé que quelques années plus tard et inauguré en 1820 par le gouvernement sarde.

(4) Le passage en question ne peut être que celui du Barbizet. Les chemins muletiers passant aux cols de l'Épine et d'Aiguebelette figurent tous deux sur une carte de 1772, qui se trouve à la bibliothèque municipale de Chambéry. Ils étaient connus et fréquentés, et ce n'est certainement pas d'eux qu'il s'agit dans la relation du comte de Villette-Chivron.

des environs. Ces renseignements, communiqués au comte de Bubna, le déterminèrent à adopter les dispositions suivantes :

Il prescrivit au général Bretschneider de se porter le 6, avec 3.000 hommes, sur les retranchements établis sur le col de l'Épine, et il donna l'ordre au baron de Trenck, qui avait débouché sur Chambéry, par les Bauges, de venir occuper avec une égale force, les hauteurs de Bourdeau, de manière à faire face à l'ennemi placé au Mont du Chat. Le colonel du régiment Kerpen, avec un bataillon et quelques compagnies de Croates, reçut l'ordre de se diriger le même jour sur les Echelles par les sentiers de la montagne d'Entremont, de façon à tourner le défilé de la Grotte par le sud. Une colonne de troupes légères, commandée par le lieutenant-colonel Casazza, se mit en marche dans la nuit du 5 au 6, suivant les instructions qu'elle avait reçues, et suivit le « sentier de chèvre » que les gardes nationaux avaient négligé de garder. Quand elle eut atteint le sommet du petit col le chevalier de Costa, qui dirigeait la marche, vint avertir le général Bretschneider, qui attaqua aussitôt les retranchements du col de l'Épine. Les gardes nationaux n'attendirent pas son attaque. Ayant aperçu dans la plaine de Novalaise la colonne Casazza, ils abandonnèrent précipitamment leurs retranchements et s'enfuirent vers Pierre-Châtel. Le baron de Trenck s'empara aussitôt du Mont-du-Chat. Les colonnes ennemies firent leur jonction au pied des montagnes et détachèrent quelques fractions à la poursuite des Français. Entre temps, le colonel du régiment Kerpen avait débouché avec son détachement en arrière des défenseurs de la Grotte, sur la route des Echelles. Le commandant de la défense, voyant sa ligne de retraite coupée, s'était rendu prisonnier avec sa troupe (1).

____

(1) D'après von Plotho, le nombre des défenseurs de la grotte faits prisonniers était de 5 officiers et 95 hommes.

Le soir même, le comte de Bubna établissait son quartier général aux Echelles et donnait des ordres pour que ses troupes s'étendissent jusqu'au Rhône (1). Il allait pouvoir se porter sur Lyon par la rive gauche du fleuve, sans rencontrer aucun obstacle.

2° Opérations en Dauphiné. — Prise de Grenoble.

Pendant que s'accomplissaient ces événements, le général de La Tour, qui marchait dans le sillage de la colonne de Bubna, avec ses Piémontais, avait débouché dans le Grésivaudan. Le 3, il concentrait ses troupes entre Planaise et la Chavanne et installlait son quartier général au château de Rubaud. Son avant-garde, composée de quatre bataillons, une demi-batterie et 200 hussards sous les ordres du comte Gifflenga, pénétrait le même jour dans Poncharra. Le 4, le quartier général se portait à Tencin, et l'avant-garde, par une marche forcée, arrivait en vue de Grenoble.

Après avoir laissé un détachement de la force d'un bataillon entre Goncelin et Pontcharra, détachement chargé d'observer la place de Fort-Barraux, le général de la Tour vint concentrer ses troupes, le 5, au village de Gières, à une lieue à l'est de Grenoble. Il détachait aussitôt des reconnaissances qui étaient poussées jusqu'aux abords de la place. La ville était bien défendue. Les anciens ouvrages avaient été améliorés ; des coupures et des retranchements, construits par les gardes nationaux, barraient les principales avenues des faubourgs ; les remparts étaient partout garnis de sacs à terre ; 70 pièces en batterie, bien pourvues de munitions, battaient tous les abords de la place. Un batardeau, construit en aval de la porte de la Graille, maintenait dans les fossés un blanc

---

(1) Extrait de la relation du comte de Villette-Chivron, page 69.

d'eau de 6 pieds de profondeur (1). La garnison de Grenoble se composait de sept bataillons de gardes nationaux du Mont-Blanc et d'une brigade de la 5e division de réserve (division Chabert), qui s'était repliée de Barraux sur Grenoble à l'approche des Austro-Sardes. En raison du chiffre considérable des désertions qui se produisirent dans les bataillons savoisiens à la nouvelle des désastres de la Grande-Armée, le général La Salcette, commandant la 7e division militaire, avait dû appeler à lui deux bataillons de la division Dufresne (6e division *bis* de réserve) en formation à Valence (2).

Le général de La Tour n'avait avec lui que de l'artillerie de campagne et ses effectifs étaient fort affaiblis par les détachements laissés en cours de route (3). Estimant qu'il serait téméraire, dans ces conditions, de tenter un assaut du corps de place, il résolut de se borner pour l'instant à l'attaque des faubourgs, opération qui lui permettrait de se loger au pied du glacis.

Dans la soirée du 4, avant de faire ses préparatifs d'attaque, il fit sommer la place ; mais il se heurta à un refus catégorique du général La Salcette (4).

Le général de La Tour prit ses dispositions dans la nuit du 5 au 6, et le lendemain, à 3 heures du matin, ses différents corps vinrent former une seule colonne en avant du village de Gières. Cette colonne, précédée par une avant-garde flanquée par des hussards et suivie de son artillerie, se mit en marche dès la pointe du jour et s'arrêta

---

(1) Relation du comte de Villette-Chivron, page 73.

(2) Le général La Salcette au Ministre de la guerre, Grenoble, 4 juillet 1815 (A. H. G.).

(3) La brigade Saint-Michel était, en effet, restée sur le Mont-Genèvre pour observer la place de Briançon, et la brigade Andezeno, qui avait pris part au combat de Conflans, ne l'avait pas encore rejoint (De Villette-Chivron, page 76).

(4) Le général La Salcette au Ministre de la guerre, Grenoble, 5 juillet 1815 (A. H. G.).

momentanément à la croisée des chemins de Grenoble et du couvent des Minimes.

« Deux divisions de hussards autrichiens, six bataillons, six pièces d'artillerie, y compris trois obusiers avec leurs caissons, écrit le comte de Villette-Chivron, furent détachés de cette position sous les ordres du général comte Giffleuga et prirent le chemin de Vizille avec ordre de faire halte avant d'arriver à la portée du tir de la place.

» Le reste des troupes, sans s'écarter de la route de Gières, marcha sous les ordres du comte de Robilant, lequel plaça en face des retranchements du faubourg Trois-Cloîtres un obusier et une pièce de 8, escortés par deux compagnies d'infanterie, ayant en réserve un bataillon du régiment d'Acqui ; ce corps était ainsi placé pour faire une fausse attaque et faciliter, par là, celle du faubourg Saint-Joseph, qui était la véritable.

» Le comte de Robilant ayant encore avec lui une demi-batterie, deux bataillons, dont un des Gardes et l'autre du régiment autrichien de Nugent, quelques compagnies de grenadiers et de chasseurs, prit un chemin de traverse qui conduit aux Minimes et se plaça dans une prairie en avant de cet ancien monastère ; cette position, parfaitement choisie, était à portée de la place et en même temps intermédiaire entre celle des faubourgs Saint-Joseph et Trois-Cloîtres. La cavalerie, dispersée par bouquets, battait la plaine, tandis que deux compagnies de voltigeurs des régiments de Saluces et de Turin tenaient en échec les gardes nationales qui tiraillaient sur les derrières de la ligne d'attaque.

» Lorsque le comte de La Tour calcula que ces mouvements étaient exécutés, il se porta rapidement sur les positions afin de les reconnaître, et vint aussitôt, suivi de son quartier général, rejoindre le comte Giffleuga, lequel avait déjà placé les bataillons de Turin et de Gênes en avant d'Eybens et de Saint-Martin pour observer un corps ennemi composé de chasseurs des Alpes et de gardes nationales, placé sur les hauteurs de Vizille.

» Les autres quatre bataillons, s'étant formés en colonne serrée, reprirent leur marche avec leur artillerie et deux escadrons de hussards de Frimont ; les éclaireurs de ce corps essuyèrent le premier feu de l'ennemi retranché aux postes avancés des faubourgs ; mais la rapidité avec laquelle ils coururent sur ces retranchements les fit abandonner et le général Giffleuga, voyant fuir cette troupe, la fit charger par deux piquets de carabiniers et de chevau-légers piémontais, qui la sabrèrent et en prirent bonne partie.

» La colonne, à la tête de laquelle se trouvaient les généraux et leurs états-majors, pénétra au pas de charge dans le faubourg et se déploya sur le boulevard en face de la porte Saint-Joseph, à demi-portée du tir de fusil de la place. Les chasseurs piémontais, à droite, poursuivirent l'ennemi jusqu'à la porte Trois-Cloîtres ; la légion royale, à gauche, en fit de même jusqu'à celle de la Graille. Les bataillons de Saluces et de Suze restèrent en réserve, l'arme au bras.

» Le combat dura peu de temps. L'ennemi, étonné de la hardiesse avec laquelle il avait été abordé, n'ayant pu se retirer par la porte Saint-Joseph, n'eut d'autre ressource que de rentrer précipitamment par les autres portes.

» Pendant que tout se passait ainsi, le général comte de Robilant jetait des obus dans le centre de la ville, et, comme il s'aperçut que l'expédition de sa gauche réussissait, il envoya un obusier de plus à l'officier supérieur d'état-major qui dirigeait la fausse attaque du faubourg Trois-Cloîtres, avec ordre de pénétrer en avant pour la rendre plus utile. L'ennemi fut aussitôt débusqué de l'abatis et des retranchements qu'il gardait. L'artillerie s'avança à demi-portée de la place, d'où elle fit un feu très vif ; les hussards, les compagnies d'Acqui et les Gardes arrivèrent en face du ravelin Trois-Cloîtres et se joignirent aux chasseurs piémontais.

» Le pont de ce ravelin ayant été levé, le feu redoubla sur toute la ligne des remparts et commença à faire du mal aux troupes rangées au pied du glacis et dans les rues qui aboutissent au boulevard. Ce fut sous ce feu croisé de mitraille et à demi-portée de la mousqueterie que trois positions furent choisies par les généraux pour y placer l'artillerie dont ils pouvaient disposer : en cet instant, qui fut le plus critique de la journée, la légion royale et les chasseurs piémontais reçurent l'ordre de s'établir dans les maisons situées en face des remparts ; nombre de voltigeurs restèrent embusqués derrière les arbres, afin de tirer dans les embrasures. Les soldats, garnissant les fenêtres et s'emparant de tous les sites qui leur fournissaient quelque moyen de dominer le parapet, inquiétaient beaucoup l'ennemi.

» Ce mouvement, exécuté avec autant d'activité que d'intelligence, produisit un bon effet, en ce que les batteries de la place, dirigeant la majeure partie de leurs tirs sur ces mêmes maisons, épargnèrent davantage l'artillerie piémontaise qui, jusqu'à la fin de l'action, malgré la perte d'un tiers de ses hommes et de ses chevaux, ne ralentit jamais d'un instant son feu de vitesse.

» Les maisons le plus en vue des bastions ne furent, après quatre heures d'un feu continuel, qu'un amas de ruines. Les soldats, passant de ces débris dans les lieux qui leur offraient moins de dangers, et quoique éprouvant des pertes sensibles, continuaient leur fusillade avec la même ardeur ; mais ce combat, qui se soutenait au prix de la destruction des deux principaux faubourgs, commençait à faire redouter aux habitants de Grenoble la suite funeste d'un incendie. Les toits commençaient à s'enflammer. Cette situation alarmante épouvanta la population ; le parti du roi de France, encouragé et se montrant alors avec plus d'énergie, força la municipalité et le commandant de la place d'accéder au désir général des habitants de se rendre aux propositions que pourrait leur faire le général commandant les troupes alliées (1). »

Vers 1 heure, le général de La Tour fit cesser le feu et envoya un aide de camp au général Motte pour le sommer de rendre la place. Celui-ci refusa de capituler, mais signa une convention aux termes de laquelle les hostilités étaient suspendues pendant trois jours (2).

Profitant de ce répit, le général piémontais envoya immédiatement un officier d'état-major au comte de Bubna pour le mettre au courant de la situation et réclamer son assistance à la reprise des hostilités.

Il s'empressa en outre de compléter la reconnaissance du corps de place, commencée dans la journée du 5 juin, et fit choix d'un emplacement situé près de la porte de la Graille, insuffisamment protégée par quelques pièces de canon placées sur la rive droite de l'Isère, pour y faire des préparatifs ostensibles d'escalade et en imposer ainsi à son adversaire.

Entre temps, le général comte de Bubna, en réponse à la demande de secours du général de La Tour, lui avait fait connaître qu'il ne pouvait lui envoyer sa grosse artillerie, dont il avait besoin pour réduire Pierre-Châtel, sur le Rhône ; mais qu'il détachait sur Grenoble, par Voreppe, un renfort de trois bataillons d'infanterie, sous les ordres

---

(1) Relation du comte de Villette-Chivron, pages 78 et suivantes. Comme il n'a pas été possible de trouver d'autres renseignements sur l'attaque de Grenoble, ce récit a été reproduit littéralement.

(2) Le général Motte, commandant la place de Grenoble, au Ministre de la guerre, Grenoble, 7 juillet 1815 (A. H. G.).

du général Andezeno, et un corps de chasseurs italiens, qui se dirigeait sur la Bastille (1) par la Grande-Chartreuse.

Les trois bataillons du général Andezeno arrivèrent à destination le 9 au matin. Leur entrée en scène et les préparatifs de l'attaque, exécutés par l'assaillant à la vue du défenseur, amenèrent le découragement dans la ville et déterminèrent le général Motte à rendre la place. Aux termes de la capitulation, signée le 9, à 11 heures du matin, il était permis à la garnison française de se replier sur Lyon, avec armes et bagages mais tout le matériel de guerre devait être remis aux mains du général de La Tour. Les Austro-Sardes traversèrent Grenoble dans la journée du 10 et furent ensuite répartis dans des cantonnements autour de la ville, le quartier général seul s'y installa.

3° Opérations dans le Jura et le Bugey. — Combats de la Faucille, des Rousses. — Prise du fort l'Écluse. Combat de Nantua.

En exécution de la convention du 28 juin, Dessaix avait fait évacuer Carouge, Bonneville, Cluses, Sallanches et s'était rendu, le soir de ce même jour, à Viry. Le lendemain, il se portait à Frangy et les brigades Montfalcon et Soulier s'établissaient à La Caille, au Plot et à Brogny, pendant que la brigade Meynadier occupait Annecy. Le 3° bataillon du 67°, qui était à la Chable, fut envoyé au général Maransin par Viry, Chevrier et le pont de Bellegarde.

Le 30, Dessaix était encore à Frangy, d'où il écrivait

----

(1) Hauteur qui borde la rive droite de l'Isère en face de Grenoble.

au général commandant la 7e division de gardes nationaux qu'il allait venir le rejoindre à Châtillon-de-Michaille. Le 1er juillet, il se portait à Seyssel avec ses deux brigades de ligne et sa brigade de gardes nationaux, y passait le pont sur le Rhône et le faisait ensuite sauter pendant la nuit. Le 2, il rejoignait Maransin à Châtillon-de-Michaille.

L'armée du feld-maréchal baron Frimont, groupée autour de Genève, s'était remise en marche dès le 1er juillet, quoique la suspension d'armes ne dût prendre fin que le 2. Pour couvrir le flanc droit du corps qui allait marcher directement sur Lyon, le général en chef autrichien estima nécessaire de détacher sur sa droite le corps de Ravidojevich, qui avait ordre de s'emparer des défilés du Jura et de se rabattre ensuite sur Saint-Claude et Nantua.

Les cols de la Faucille et des Rousses étaient défendus par la brigade Beuret, de la division Maransin, grossie par les corps francs du colonel Béatrix de Collonges et du commandant Roch de Chevry (1).

Le corps de Ravidojevich fut partagé en deux colonnes : l'une, sous les ordres du général Folseis, devait s'emparer du col des Rousses ; l'autre, commandée par le général Bogdan, avait la mission de se porter sur la Faucille

---

(1) Napoléon, se souvenant des services rendus par les corps francs pendant la campagne de 1814 dans les Alpes, avait autorisé, par décret du 22 avril 1815, l'organisation de corps francs dans les départements frontières.

Celui qui était autorisé à lever un corps franc pouvait donner des commissions de tous les grades jusqu'à celui de capitaine inclusivement. Les corps francs avaient droit aux vivres de campagne : ils ne touchaient aucune solde; mais tout ce qu'ils enlevaient à l'ennemi était de bonne prise et vendu à leur profit. Les canons, caissons et effets militaires étaient rachetés par l'État aux trois quarts de leur valeur : une prime, variant de 30 francs pour un simple soldat, à 4.000 francs pour un général de division, était accordée pour chaque prisonnier (Elysée Lecomte, *Les Autrichiens dans le département de l'Ain et dans le pays de Gex*, page 15).

et d'y occuper le défenseur, pendant que la première se dirigerait sur son objectif.

La colonne Folseis, qui avait marché par Trélex et Saint-Cergues, déboucha au col des Rousses le 1ᵉʳ juillet à la pointe du jour. De bons retranchements élevés sur des points judicieusement choisis défendaient l'accès du col ; de plus, les troupes de la défense avaient reçu des renforts venus de Morez. Aussi leur résistance fut-elle très énergique. Toutes les attaques tentées par le général Folseis dans la matinée échouèrent.

Les Français, jugeant alors opportun de passer à l'offensive, se portèrent eux-mêmes au-devant des Autrichiens; mais, dès qu'ils eurent quitté leurs tranchées, ils furent chargés en flanc par la cavalerie autrichienne qui jeta le trouble dans leurs rangs et les fit refluer en désordre sur leurs retranchements.

Le général Folseis, qui entre temps avait groupé ses réserves, les fit charger à la baïonnette. Elles refoulèrent les défenseurs sur le village des Rousses, où ceux-ci tentèrent de faire une nouvelle résistance; mais, la localité ayant été en partie incendiée par le feu de l'artillerie autrichienne, ils durent faire leur retraite définitive (1).

Pendant ce temps le général Bogdan s'était avancé sur la Faucille en refoulant les postes français de Gex. Il trouva une énergique résistance au col, qui était défendu par des gardes nationaux et des partisans postés dans des retranchements. Ceux-ci n'abandonnèrent leurs positions qu'après l'enlèvement du col des Rousses par les Autrichiens et se replièrent d'abord sur la position de Châtillon-de-Michaille, puis sur Nantua, après avoir fait « d'incroyables efforts de valeur et après avoir supporté de grandes fatigues » (2).

---

(1) Relation du comte de Villette-Chivron, page 59; von Plotho, page 257 ; Damitz, pages 235 et 236.
(2) *Le général Dessaix*, loc. cit., page 408.

Les cols du Jura étant enlevés, le corps de réserve autrichien, commandé par le feld-maréchal lieutenant Merville, reçut l'ordre de se mettre en marche et de refouler les Français dans la direction du Rhône. La route de la rive droite du fleuve étant barrée par le fort de l'Écluse, ce corps dut prendre celle de la rive gauche, qui aboutit aux ponts de Bellegarde et de Seyssel.

Entre temps le feld-maréchal-lieutenant Ravidojevich avait détaché quelques troupes sur la route de Collonges, avec mission de s'emparer du fort de l'Écluse. Les abords de cet ouvrage étaient protégés en amont par une redoute indépendante fermée à la gorge, entourée d'une triple rangée de trous-de-loup, et dont le canon battait efficacement la plaine environnante. La raideur des pentes sur lesquelles elle était établie ne permettant point aux Autrichiens de faire usage de l'artillerie, un régiment d'infanterie (Esterhazy), qui avait atteint Collonges, reçut l'ordre de s'en emparer de vive force. Il forma deux colonnes d'assaut, qui parvinrent à s'emparer de l'ouvrage malgré une résistance opiniâtre. Il y fit quelques prisonniers et prit quatre canons avec leurs munitions ; mais il perdit dans son attaque 4 officiers et une centaine de morts et de blessés (1).

Les Autrichiens investirent étroitement le fort de l'Écluse qui était défendu par quelques compagnies de gardes nationaux et des partisans. Des pièces furent mises en batterie partie sur la route de Collonges, partie sur les pentes du mont Vouache et le bombardement commença le 3 juillet. Le 6, le magasin à poudre sauta, ensevelissant sous ses décombres le brave capitaine Madelaine, commandant l'artillerie du fort, et 32 hommes ; par un hasard inespéré, Madelaine en fut seul retiré vivant. Le 9, la garnison se rendit : les Autrichiens occupèrent Fort-l'Écluse

____

(1) Von Plotho, pages 257 et 258 ; Damitz, pages 237 et 238.

et y prirent cinq canons avec un approvisionnement de munitions (1).

Entre temps le corps de réserve Merville s'était avancé dans la direction de Seyssel. Le pont de cette localité ayant été détruit par la division Dessaix, il se porta sur celui de Bellegarde, qui était défendu par une tête de pont. Les Français évacuèrent cet ouvrage à l'approche des Autrichiens et firent sauter ce pont derrière eux.

Le lieutenant-colonel Wincker, du corps des pionniers, parvint avec beaucoup de difficultés à y établir un passage de fortune, en même temps qu'il faisait construire un pont de chevalets à Grésin (2).

L'avant-garde du corps de Merville, commandée par le général Hardegg, passa le Rhône et rencontra, le 6 juillet, la brigade Meynadier en position à Charix. Le même jour, le général Bogdan venait donner dans la brigade Mont-falcon postée à Oyonnax. Le combat s'engageait dès 10 heures du matin sur ce point, tandis que, du côté de la brigade Meynadier, il ne commençait qu'à 3 heures. Craignant que celle-ci ne fût coupée de sa ligne de retraite sur la Cluse, le général Dessaix lui ordonna de se replier sur le lac de Sillant et les hauteurs de Neyrolles, qui dominent ce lac, et d'y tenir jusqu'à la nuit close, pendant que la brigade Montfalcon défendrait les positions au nord de la Cluse. Les mouvements de retraite s'effectueraient ensuite par échelons de bataillon se succédant tous les demi-quarts d'heure. Cette résistance devait permettre d'évacuer tous les blessés, ainsi que les approvisionnements, de Nantua sur Meximieux, « ce qui fut fait avec autant d'ordre que d'exactitude (3). »

_____

(1) *Le général Dessaix*, page 408 ; von Plotho, page 259 ; Damitz, pages 239 et 240.

(2) Von Plotho, page 258 ; Damitz, pages 238 et 239.

(3) *Le général Dessaix*, loc. cit., page 110.

La brigade Montfalcon couvrit parfaitement la retraite des troupes de Meynadier, et vint prendre position, le soir, sur les hauteurs de la Cluse. Le général Dessaix établit son quartier général dans la localité. Le général Meynadier, vivement pressé par l'ennemi au cours de son mouvement de retraite, avait fait une contre-attaque qui avait arrêté net la poursuite de Hardegg. Les pertes de la division Dessaix étaient d'une dizaine de morts et d'environ 70 blessés ; celle des Autrichiens de 150 morts et de nombreux blessés (1).

Le général Dessaix se retira, le 7 à Cerdon, le 8 à Meximieux, le 10 à Montluel. A cette même date, les débris de la division Maransin, décimée par les combats des derniers jours, par les fatigues des marches rétrogrades et surtout par la désertion, étaient réunis dans cette dernière localité. La division Curial, qui avait fait sa retraite par Yenne et Pont-d'Ain, s'était également rabattue sur Lyon, de sorte que, le 10, tous les éléments actifs du corps d'observation des Alpes se trouvaient concentrés à environ cinq lieues de cette dernière ville.

Le quartier général du feld-maréchal Frimont s'était porté successivement à Genève (29 juin), Frangy (7 juillet), Châtillon-de-Michaille (8 juillet). Le 9, il se trouvait à Bourg-en-Bresse avec le corps de Ravidojevich. Le général Pflüger reçut l'ordre de se porter, le 10, sur Mâcon avec un régiment et une batterie à pied et de s'emparer de la tête de pont établie en ce point. Il arriva à destination après minuit et il fit attaquer l'ouvrage après avoir

---

(1) Von Plotho, page 259 ; Damitz, page 239. — Ces deux auteurs ne font mention que du combat qui se déroula, le 6, entre Charix et Nantua, et ne parlent pas de l'engagement qui, aux dires de Dessaix, aurait eu lieu ce même jour du côté d'Oyonnax. D'après les deux auteurs allemands, il y aurait eu un combat, le 3, à Oyonnax, où le général Bogdan aurait repoussé les Français sur Belignat et Alex.

donné quelque repos à ses troupes. Les Autrichiens s'en emparèrent malgré une résistance assez vive des gardes nationaux et y prirent plusieurs pièces, ainsi que des voitures de munitions·

Le général Pflüger passa ensuite sur la rive droite de la Saône ; il fut suivi par le 1er corps tout entier qui se porta sur Mâcon (1).

Le corps de réserve (Merville), précédé par la division légère du feld-maréchal lieutenant Hardegg, s'était dirigé, entre temps, sur Meximieux et Montluel. Il avait ordre de venir couronner les hauteurs de la Pape, qui dominent le faubourg Saint-Clair. Le général Bubna, avec le deuxième corps, avait marché sur Bourgoin. Son avant-garde atteignait la Verpillière le 9 juillet ; elle devait poursuivre sa marche sur le faubourg de la Guillotière. Le corps piémontais du général de la Tour était toujours à Grenoble ; il allait se diriger, les jours suivants, sur Voreppe et la côte Saint-André (2).

4° La fin des opérations et l'entrée des alliés à Lyon.

La retraite sans trêve ni repos des corps français à travers les défilés du Jura et des Alpes avait amené le découragement dans leurs rangs.

Le général Dessaix voulait s'arrêter et reprendre une offensive énergique qui eût ranimé les courages abattus. Le 8, alors qu'il était à Meximieux et qu'il pouvait être soutenu par la divison Curial, momentanément arrêtée à Montluel, il écrivait au maréchal Suchet :

« Donnez-moi l'ordre d'attaquer l'ennemi, appuyé par

---

(1) Von Flotho, pages 260 et 261.
(2) Relation du comte de Villette-Chivron, pages 93 et 97.

la division Maransin ; faites-moi soutenir par la division
Curial et demain les Autrichiens seront punis de leur au-
dace et de leurs prétentions à nous anéantir et à détruire
notre indépendance (1). »

Certes, la petite armée des Alpes, si décimée qu'elle
fût par la désertion, était encore en mesure de lutter avec
avantage contre les colonnes séparées du feld-maréchal
Frimont. Elle eût pu, tout au moins, infliger un échec à
la division Hardegg en l'attaquant, le 9, à la sortie des
défilés du Jura. Le général Dessaix ne fut point soutenu
et la retraite continua sur Montluel.

Un fort poste, établi sur la grand'route entre Meximieux et Montluel, fut attaqué par l'ennemi ; il résista
vivement et resta maître de la position (2). Ce petit fait
d'armes eut un excellent effet moral. Le bruit se répandit que toute l'armée des Alpes, enfin réunie, allait
reprendre l'offensive, et un grand nombre d'hommes qui
avaient abandonné les rangs les rejoignirent.

En rendant compte de ce petit succès au maréchal Suchet, le général Dessaix écrivait le 10 :

« Sur un bruit répandu dans les troupes que nous de-
vions attaquer l'ennemi, non seulement la désertion s'est
ralentie, mais la plus grande partie de ceux-là mêmes qui
avaient déserté est rentrée dans les rangs, où ils espéraient
reconquérir l'honneur et la gloire nationale.

» J'ai ordonné des reconnaissances...

» J'ai fait compléter les cartouches à 50. »

Toujours confiant dans le succès final, le lendemain 11,
il invitait à nouveau le maréchal à reprendre l'offensive.

« Nous conservons nos positions, écrivait-il, jusqu'à ce

____

(1) *Le général Dessaix, loc. cit.,* p. 413.
(2) *Ibid.,* p. 415.

que votre intention soit de concentrer davantage vos forces pour en faire éprouver la valeur à l'ennemi (1) ».

Ces exhortations devaient rester lettres mortes. Le commandant de l'armée des Alpes « était troublé, paralysé par les nouvelles de Paris, et les événements l'avaient gagné au royalisme » (2). « Il n'eut pas un instant la pensée de défendre Lyon (3) ».

Pourtant la ville était capable de fournir une longue et valeureuse résistance. Sa défense avait été organisée d'après les ordres mêmes de l'Empereur (4).

L'enceinte entre Rhône et Saône avait été remise en état ; Pierre-Encise, les hauteurs de Saint-Jean et de la Croix-Rousse étaient défendues par des retranchements ; les débouchés des ponts de la Guillotière et des Brotteaux (pont Morand) étaient protégés par des ouvrages et des ponts-levis ; les fermes aux abords de la place avaient été organisées défensivement et reliées entre elles par des retranchements; 300 pièces d'artillerie défendaient la place et ses abords ; enfin sa garnison, suffisamment nombreuse, pouvait recevoir l'appoint de 16.000 combattants, que présentait encore l'armée des Alpes (5).

Si le maréchal n'eut pas la pensée de défendre Lyon, « il voulut du moins se servir de l'appareil de force dont il disposait pour épargner à la ville les dommages d'une occupation sans garanties... » (6).

Le 11 juillet, il proposa au général Frimont une suspension d'armes sur les bases de la convention de Paris. Il

---

(1) *Le général Dessaix*, *loc. cit.*, page 115.
(2) Henri Houssaye, *1815, La Seconde Abdication*, p. 440.
(3) Girod de l'Ain, *Souvenirs militaires*.
(4) *Correspondance de Napoléon I*er, tome XXVIII, lettres du 2 mai (p. 154) et du 10 mai (p. 171).
(5) Voir *1815, La Seconde Abdication, La Terreur blanche*, page 439. — Relation du comte de Villette-Chivron, page 94.
(6) Voir *1815, La Seconde Abdication, La Terreur blanche*, page 440.

délégua à cet effet le général Puthod, commandant en chef de la garde nationale de Lyon; le préfet du département du Rhône, M. Pons; le maire de Lyon, M. Jars, et un officier de son état-major, le chevalier Ricci, qui se rendirent à Montluel, où ils entrèrent en pourparlers avec le comte de Fiquelmont, adjudant-général, et le colonel baron de Koudelka, chef d'état-major de l'armée austro-piémontaise.

Dans la journée, pendant que les négociations suivaient leur cours et alors que tous les postes avaient été prévenus qu'une suspension d'armes avait lieu jusqu'à nouvel avis, on entendit avec surprise une vive fusillade du côté de Belligneux, où se trouvait le 24e de ligne. On courut aux nouvelles et on apprit qu'un fort parti de la division Hardegg avait émis la prétention d'occuper cette localité et qu'il avait été reçu à coups de fusil par le 24e de ligne. Le général Dessaix, croyant à une traîtrise de l'ennemi, avait déjà mis sa division sous les armes et allait la porter en avant, quand le feu se ralentit et cessa de part et d'autre. Après échange d'explications, on apprit que le feld-maréchal Frimont avait exigé, pour première condition de l'acceptation d'un armistice, l'évacuation de Montluel par les troupes françaises. Le général Hardegg, croyant l'accord intervenu sur cet article, avait marché de l'avant et s'était heurté aux avant-postes français (1). Il reçut l'ordre de rétrograder et tout rentra dans l'ordre. Les négociations aboutirent à la convention du 11, aux termes de laquelle la ville de Lyon devait être remise aux Autrichiens (2) et l'armée française devait se retirer au delà d'une limite convenue.

---

(1) *Le général Dessaix*, page 416.

(2) Aux termes de la convention, les Autrichiens devaient occuper les ouvrages de Montessuy et les ouvrages avancés des Brotteaux et de la Guillotière le 14 juillet, les têtes de pont de ces deux faubourgs le 15, le faubourg de la Croix-Rousse et la barrière Saint-Clair le 16, toutes les barricades et la ville le 17.

L'armée des Alpes se replia de Montluel sur Miribel et Lyon.

Cette convention, qui s'ébruita aussitôt, produisit une grande effervescence parmi les troupes et la population de Lyon. Des placards engageant à la résistance furent affichés, le 12, aux carrefours. Des groupes de soldats et de gardes nationaux se répandirent dans la ville criant à la trahison, et une véritable sédition éclata parmi la garnison. Plusieurs officiers se rendirent chez le général Mouton-Duvernet pour le sommer de prendre le commandement en chef à la place du maréchal Suchet et de défendre la ville au mépris de la convention. Sur son refus, ils vinrent faire les mêmes propositions aux généraux Dessaix, Maransin et Guillet, qui n'acceptèrent pas davantage le commandement que les insurgés leur offraient. Des scènes de violence se produisirent dans la ville, et quelques soldats prirent part à ces désordres. Le mouvement insurrectionnel avorta, faute de chef pour le diriger (1).

L'armée des Alpes évacua Lyon dans la journée du 14 et se dirigea sur Roanne.

Le comte de Bubna, qui, le 12, était au faubourg de la Guillotière, reçut l'ordre de faire son entrée à Lyon le 15. Ses troupes traversèrent la ville et vinrent occuper, sur les hauteurs de Fourvières, les retranchements évacués la veille par la garnison française. Trois régiments de cavalerie, sous les ordres du général marquis d'Yenne, après avoir défilé place Bellecour, furent répartis dans des cantonnements en ville. Le feld-maréchal Frimont, avec la majeure partie de son armée, se dirigea sur Chalon-sur-Saône et Besançon, où il effectua diverses opérations con-

---

Au surplus, on trouvera dans la relation du comte de Villette-Chivron une reproduction *in extenso* de la convention.

(1) Voir *1815, La Seconde Abdication* et *La Terreur blanche*, pages 442 et suivantes.

tre les troupes françaises qui défendaient les places, et établit sa liaison avec l'armée alliée du Haut-Rhin.

Le corps du général de La Tour fut dirigé sur Vienne, où il entra le 14 (1).

Quant au corps d'observation des Alpes et à la garnison de Lyon, ils s'en furent rejoindre à Saint-Étienne les débris de la Grande-Armée.

____

(1) Relation du comte de Villette-Chivron.

TABLE DES MATIÈRES.

CHAPITRE Ier

CORPS D'OBSERVATION DES ALPES

CHAPITRE II

LES PREMIÈRES OPÉRATIONS.

CHAPITRE III

MARCHE OFFENSIVE CONCENTRIQUE DES AUSTRO-SARDES SUR LYON

Paris et Limoges. — Impr. milit. H. Charles-Lavauzelle

Librairie Militaire Henri CHARLES-LAVAUZELLE

PARIS ET LIMOGES.

Guerre franco-allemande de 1870-71, par le commandant Ch. Romagny, ancien professeur de tactique et d'histoire à l'Ecole militaire d'infanterie. — Gr. in-8º de 392 pages, avec un atlas de 30 cartes-croquis.... 7 50

La guerre franco-allemande de 1870-1871. Histoire politique, diplomatique et militaire, par A. Wachter (édition remaniée et augmentée).

Tome I. — *De la déclaration de guerre à la chute de l'Empire.* — Fort vol. grand in-8º de 460 p.................................... 5 »

Tome II — *De la chute de l'Empire à l'armistice du 28 janvier 1871.* — Fort vol. grand in-8º de 492 p........................... 5 »

Atlas contenant 10 cartes grand format, en couleurs, des théâtres d'opérations.. 5 »

Correspondance militaire du maréchal de Moltke. Guerre de 1870-1871 (*seule traduction française autorisée.*)

1er Volume. — **La guerre jusqu'à la bataille de Sedan.** — Grand in-8º de xx + 352 p., 3 croquis, 1 carte en noir et 1 fac-simile hors texte. 12 »

2e Volume — **Du 3 septembre 1870 au 27 janvier 1871.** — Grand in 8º de xxvii + 348 p.................................... 10 »

3e Volume. — **L'armistice et la paix.** Grand in-8º de xxii + 316 p. 10 »

4e Volume. — **Guerre de 1864.** Grand in-8º de xiv + 346 p........ 10 »

5e Volume. — **Guerre de 1866.** Grand in-8º de xxviii + 530 p..... 16 »

Sans armée (1870-1871), *souvenirs d'un capitaine*, par le commandant Kanappe. — Volume in-8º de 336 pages.................... 3 50

Les vaillantes chevauchées de la cavalerie française pendant la guerre franco-allemande de 1870-1871, par Louis Yvert. Ouvrage précédé d'une lettre autographe de M. le général de Galliffet. — Volume in-8º de 224 pages.................................... 3 »

Sedan. — Le dernier coup de feu (3e bataillon du 3e régiment de marche). Un épisode de la belle résistance du 12e corps à la bataille de Sedan. — Brochure in-8º de 32 pages.................... 1 »

La brigade Bellecourt à l'armée du Rhin (Des attaques en masse au ravin de la Cuve, à Vernéville, à Servigny), par le colonel de Courson de la Villeneuve, commandant le 13e d'infanterie. — Volume in-8º de 140 pages, avec 4 cartes.................... 3 50

Guerre de 1870-1871. — **Le combat de Peltre-sous-Metz** (27 septembre 1870), par un officier de l'armée du Rhin. — Brochure in-8º de 34 pages, avec 1 carte hors texte.................... 1 50

L'armée de Metz, 1870, par le colonel Thomas. — Volume in-8º de 252 pages orné d'un portrait et de deux cartes, broché................. 3 »

Les combats autour de Metz en 1870 pendant le blocus et leurs enseignements tactiques, par le major Waldor de Heusch ancien professeur d'art et d'histoire militaires à l'Ecole militaire de Bruxelles. (Extrait de la *Revue de l'Armée Belge*). — In-18 de 96 p., 3 croq. h. texte........ 2 50

Le 4e corps de l'armée de Metz (19 juillet-27 octobre 1870), par le lieutenant-colonel breveté Rousset, professeur de tactique appliquée à l'Ecole supérieure de guerre. — Vol. grand in-8º de 384 pages avec un portrait en héliogravure du général de Ladmirault et cinq cartes h. texte...... 7 50

La défense nationale dans le Nord, en 1870-71, *Recueil méthodique de documents*, par Camille Lévi, chef de bataillon breveté. — Vol. in-8º de 706 pages avec un croquis dans le texte et deux grandes cartes hors texte.. 7 50

Souvenirs personnels de Verdy du Vernois, au grand quartier général 1870-71, par Soubise. — Volume in-8º de 304 pages............. 5 »

La France et l'Allemagne devant le droit international pendant les opérations militaires de la guerre de 1870-71, par le lieutenant Amédée Brenet, des chasseurs alpins, docteur en droit, avec une préface du capitaine Danrit. — Volume in-8º de 308 pages............ 7 »

Librairie militaire Henri CHARLES-LAVAUZELLE

PARIS ET LIMOGES

Encore l'armée coloniale, par E. DE GUZMANN. — Br. in-8° de 24 p. .. » 50

Infanterie montée à chameau. *Notes sur l'organisation d'une compagnie montée à chameau dans les 1er et 3e territoires militaires de l'Afrique occidentale,* par le capitaine MOLL, résident commandant la 5e compagnie du 2e sénégalais. — Broch. in-8° de 28 p. avec 3 gravures dans le texte. .. » 60

L'infanterie montée dans le Sud-Algérien et dans le Sahara, par le capitaine HÉLO, du 61e régiment d'infanterie. — Vol. in-8° de 128 p. .. 2 50

Étude sur la tactique de ravitaillement dans les guerres coloniales, par NED-NOLL. — Volume in-8° de 156 pages. .. 2 50

L'armée coloniale, par le colonel FAMIN, commandant le 5e régiment d'infanterie de marine. — Brochure in-8° de 64 pages. .. 1 50
(Ouvrage honoré d'une souscription du ministère de la guerre.)

Étude sur l'organisation d'un matériel d'artillerie coloniale, par le chef d'escadron CHARBONNIER, de l'artillerie coloniale. — Volume in-8° de 72 pages. .. 1.25

Stérilisation de l'eau en colonne aux colonies, par le capitaine CONDAMY, de l'état-major du corps d'armée colonial. — Brochure in-8° de 36 pages. .. » 75

A propos de lectures récentes, par le lieutenant-colonel breveté MANGIN, de l'infanterie coloniale. — Brochure in-8° de 58 pages. .. 1 »

Les troupes anglaises de West-Afrik. *(West african frontiere force),* par le capitaine E. LENFANT, de l'artillerie coloniale. — Brochure in-8° de 36 pages. .. » 60

Le Sud-Ouest africain allemand. *Révolte des Herreros,* par Henri PARTE, chef de bataillon d'infanterie territor., service d'état-major. — Vol. in-8° de 160 pages, avec 7 croquis dans le texte. .. 2 50

Au pays des Pahouins *(Du rio Mouny au Cameroun),* par le capitaine J.-B. ROCHE, membre de la commission franco-espagnole de délimitation du golfe de Guinée. — Volume in-8° de 198 pages, orné de nombreuses photogravures. ..

Le pays des Baoulés et sa pacification, d'après un rapport de l'état-major des troupes de l'Afrique occidentale française. — Brochure in-8° de 62 pages, avec 2 gravures dans le texte. .. 1 25

Voyage au Dahomey et à la Côte d'Ivoire, par René LE HÉRISSÉ, député. — Volume grand in-8° de 268 pages, illustré de nombreuses photographies. .. 6 »

L'Afrique et l'expansion coloniale, par le capitaine breveté d'état-major C. CHATELAIN. — Volume in-8° de 296 pages, avec 5 cartes. .. 5 »
(Ouvrage honoré d'une souscription du ministère de l'instruction publique.)

Navigation sur le Niger entre Forcados et Tombouctou, par le capitaine FOURNEAU, de l'artillerie coloniale. — Brochure in-8° de 52 p. .. 1 »

Histoire de l'Afrique septentrionale sous la domination musulmane, par le général G. FAURE-BIGUET. — Volume grand in-8° de 458 p. .. 7 50
(Ouvrage honoré d'une souscription du ministère de la guerre.)

La conquête des Oasis sahariennes (opérations au Tidikelt, au Gourara, au Touat, dans la Zousfana et dans la Saoura en 1900 et 1901), par E. TILLION, capitaine commandant breveté au 1er régiment de dragons. — Volume in-8° de 170 pages. .. 8 »
(Ouvrage honoré d'une souscription du ministère de la guerre.)

Le catalogue général de la Librairie militaire est envoyé gratuitement à toute personne qui en fait la demande à l'éditeur Henri CHARLES-LAVAUZELLE.

www.ingramcontent.com/pod-product-compliance
Ingram Content Group UK Ltd.
Pitfield, Milton Keynes, MK11 3LW, UK
UKHW021207220726
13924UKWH00003B/1384